독 서 력

DOKUSHORYOKU

by Takashi Saito

© 2002 by Takashi Saito

First published in Japanese in 2002 by Iwanami Shoten, Publishers, Tokyo.
Korean edition first published 2009
This Korean edition published 2015
by Woongjin Think Big Co., Ltd., Seoul
by arrangement with the proprietor c/o Iwanami Shoten, Publishers, Tokyo.

독서력

무엇을 어떻게 읽어야 하는가

사이토 다카시 지음 | 황선종 옮김

웅진 지식하우스

반드시 가져야 할 기술

언제부터인지 책은 '당연히 읽어야 할' 것에서 '굳이 읽지 않아도 되는' 것으로 변하고 말았다.

이것 또한 시대 변화라며 담담하게 받아들이는 사람도 있을지 모르지만 절대 그렇지 않다. 독서는 하든 안 하든 상관없는 것이 아니라 반드시 가져야 할 '기술'이기 때문이다.

독서는 한 개인의 '자아 형성'에 절대적인 역할을 할 뿐만 아니라 '독서력'은 한 사회와 한 시대의 힘이기 때문이다. 우리가 살아가는 이 사회의 존립 기반을 살펴보라. 독서를 뿌리로 자라나는 배우려는 마음과 호기심이 얼마나 다른 사회를 만드는지 알 수 있다.

독서력만 있으면 무엇이든 할 수 있다. 수많은 사람들을 보면서 종종 그런 생각이 절실하게 든다.

나이든 이들 중에 이제는 노안으로 글자가 작은 책을 읽기 어려워진 현실을 슬퍼하는 사람들은 바로 독서력의 힘을 알고 있다. 그리고 그런 이들이 의외로 수두룩하다. 그러나 10대, 20대는 심각할 정도로 책과 멀어지고 있다.

한 개인이 가진 교양이라는 것을 단순하게 비교하기는 어렵지만 독서력이란 관점에서 보면 수십 년 동안 분명히 쇠퇴하는 경향을 보이고 있다. 어렵거나 두꺼운 책, 한자가 많고 문체가 딱딱한 책 등이 외면받고 있다.

그러나 '단순한 오락 본위의 독서'가 아니라 '조금이라도 정신의 긴장을 동반하는 독서'를 해야한다. 이것이 이 책의 주제다.

읽기는 좀 어렵지만 그래도 즐겁다!

아이든 어른이든 독서를 통해 이런 감각을 맛보고 이런 감각만 느낄 수 있으면 어떤 책을 읽을지 스스로 결정하며 풍요로운 세계로 들어갈 수 있다.

이 책은 다음과 같이 구성되어 있다.

1부에서는 독서력이란 무엇이고 왜 독서력이란 말을 꺼내게 되었는지에 대해 생각을 밝혔다. 가령 '문학작품 100권과 교양서 50권'을 '독서력이 있는 사람'의 조건으로 내세웠다. 근거 없는 수치라고 반박하는 사람도 있겠지만 왜 이렇게 구체적인 숫자를 내세웠을까? 그러는 편이 아무 기준도 없는 것보다는 목표를 세우기가 쉽기 때문이다. 그냥 무심코 떠오르는 대로 내세운 수치가 아니라 그 속에는 독서를 습관화하는 길이 들어 있다.

2부에서는 독서가 자아 형성의 강력한 방법이라는 사실을 알려줄 것이다. '이 시대에 자아 형성을 위한 독서라니 구시대적'이라고 생각할지도 모른다. 그러나 세상은 눈부시게 발전하는 듯이 보여도 역시 각 개인은 언제나 제로에서 시작한다. 그렇게 백지 상태에서 시작할 수 밖에 없는 우리에게 독서는 변함없이 자아 형성을 위한 왕도다.

3부에서는 독서를 스포츠로 생각하고 숙달 과정을 제시할 것이다. 정신적인 행위로만 보여 멀리하기 쉬운 독서를 스포츠나 예능 같은 신체적인 행위로서 이해하면 보다 친밀감을 느낄 수 있다.

4부에서는 커뮤니케이션 능력의 기반으로서 독서가 지닌 역할에 대해 구체적으로 적었다. 책을 읽으면 대화력이 향상된다. 이 시대에 가장 필요한 대화의 맥락을 파악하는 힘은 독서로 확실하게 단련할 수 있다.

독서력에 대해 열변을 토하다 보니 과장된 표현이 있을지도 모르지만 그 속에 들어 있는 진심을 파악하고 다 함께 독서력을 일으켰으면 좋겠다.

차례

2 나를 찾고 싶다면 독서를 하라 : 자아 형성

3 독서는 스포츠다 : 자기 단련

4 독서는 커뮤니케이션이다 : 세계관의 확장

독서력을
가지고
있는가?

독서력이 있다는 말은 무슨 뜻일까
독서를 즐긴다는 말과
독서력이 있다는 말은 엄연히 다르다
물론 일치하는 경우도 꽤 있지만
좋아하는 추리소설 작가의 작품만을 읽는 사람은
독서가 취미라고 말할 수는 있어도
독서력이 있다는 보증은 없다

1

독서는
선택이 아니다

요즘 사람들 사이에는 독서가 유행하지 않는다. 유행은커녕 완전히 쇠락했다. 내용이 충실한 책은 한 달에 한 권도 읽지 않는 사람이 숱하다. 나는 매년 수백 명의 대학 신입생에게 독서량을 묻는다. 전혀 책을 손에 잡지 않는 사람이 30퍼센트가량 된다. 책다운 책으로 한정하면 절반 이상이 독서 습관을 갖고 있지 않다.

대학 수업은 일반적으로 책을 많이 읽었다는 전제하에 진행되게 마련이므로 먼저 기초 체력부터 만들어야 한다. 여름방학 때까지 책 읽는 습관을 배게 하는 것이 중요한 과제다. 내가 독서의 중요성을 강조하면서 반드시 책을 읽어야 한다고 말하면 나중에 리포트에 "책을 읽느냐 마느냐는 자유니까 강요하지 마십시오."라고 적어내는 학생도 가끔 있다.

그런데 정말 '책을 읽느냐 마느냐는 자유'인 걸까?

나는 전혀 그렇게 생각하지 않는다. 누구나 100퍼센트 독서를 하지 않으면 안 된다. 이것이 이전에는 당연한 일이었다. 하지만 이제는 "왜 독서를 해야만 하는가?"라는 질문에 대답해야 하는 시대가 되었다. "왜 사람을 죽이면 안 되는가?"에 대해 진지하게 논의를 하는 시대이니 독서의 필요성에 의문을 품는 것도 어쩔 수 없는 일인지 모른다.

이 책은 "왜 독서를 해야만 하는가?"라는 질문에 대답하기 위해 썼다.

책을 즐겨 읽는 사람은 독서가 훌륭한 습관이란 사실을 잘 알고 있다. 그리고 그 사실을 다른 사람에게 전하고 싶어 한다. 독서를 기피하는 사람에게 책을 읽히고 싶어 하는 마음은 훌륭하다.

하지만 덮어놓고 강요하면 상대방이 귀를 기울이지 않을 수 있다. 다짜고짜 좋은 일이니 해야 한다고 강요해서야 어디 설득이 되겠는가. 책을 읽으면 이런저런 좋은 점이 있다고 알려줘야 자연스럽게 책을 읽고 싶은 마음이 든다. 이런 설득을 이 책을 통해 하고자 한다.

무엇을 위해 독서를 하는가? 독서를 하면 무엇이 좋은가?

이런 물음에 대해 나는 이렇게 대답한다. "독서는 자아 형성을 위한 양식이기 때문이다. 또는 독서는 커뮤니케이션 능력의 기초이기 때문이다."

‘자아 형성’과 ‘커뮤니케이션 능력’이 필요하지 않은 사람은 없을 것이다. 그렇다면 독서가 도대체 무엇이기에 이런 능력을 가져다주는 것일까. 그리고 어떻게 하면 독서를 즐기고, 독서에 익숙해질 수 있을까.

독서가 굳이 필요 없다는 거짓말

독서 습관이 없는 사람, 즉 독서의 기쁨을 모르는 사람이 책 따위를 읽어서 무엇 하느냐고 내뱉는다면 발끈하면서도 이해할 수 있다. 독서를 하지 않았으니 독서의 필요성을 모르는 것은 어찌 보면 당연한 일이다.

그런데 독서를 충분히 해온 사람이 책은 꼭 읽을 필요가 없다고 주워섬기는 모습을 보면 화가 나서 견딜 수가 없다. 이런 무책임한 말에는 신경이 곤두선다. 하물며 그런 주장을 펼치는 책을 보면 더 분통이 터진다. 자신이 책을 쓸 수 있기까지의 과정은 전혀 돌이켜보지 않고 그저 안이하게 살아가려는 사람들에게 독서는 하지 않아도 된다며 근거 없는 소리를 하는 모습에 울화가 끓어오른다.

책은 읽어도 되고 읽지 않아도 되는 것이 아니라 읽지 않으면 안 되는 것이라고 단호하게 말하고 싶다.

나는 독서가 나 자신을 형성하는 데 크게 이바지했다고 생각한다. 독서로 길러진 사고력이 뭔가를 생각할 때 큰 힘이 되고 있으며 대화를 나눌 때도 독서 경험이 긍정적으로 작용하고 있다. 독서를 통해 얻은 다양한 힘을 날마다 활용하고 있기 때문에 젊은이들에게 "독서는 하지 않아도 된다."는 말을 차마 할 수가 없다.

젊은이들에게 "독서는 하지 않아도 된다."고 말하는 어른들은 자신의 뒤를 쫓는 사람들이 독서 습관을 지니지 않은 채 무지하게 있으면 자신이 우위에 설 수 있다고 생각하는 건 아닐까? 책을 직접 쓸 수 있는 수준이라면 그는 당연히 독서 습관이 몸에 배어 있을 것이다. 적어도 어느 한 시기에 집중해서 책을 읽지 않았다면 집필 활동을 지속하기가 어려운 법이다. 나는 글쓰기가 글 읽기라는 빙산의 일각이라고 생각한다. 독서는 단순히 정보를 섭취하기 위한 행위가 아니다. 사고력을 단련하고 사람을 만들어가는 일이다. 독서라는 성실한 행위를 가벼이 여기는 발언을 하면서 탈권위적인 척하는 모습은 그냥 보고 지나칠 수 없다.

나는 독서를 통해 사고력이 길러졌음을 분명히 느낀다. 따라서 독서의 계기를 마련해준 부모님과 선생님 등 주위 환경에 감사한다.

독서는 가만 내버려둬도 자연스럽게 이루어지는 일이라는 생각은 크나큰 착각이다. 뒤에서 언급하겠지만 독서는 스포츠와 닮은 구석이 있어서 자연스럽게 이루어지는 일이 아니다. 하물며 숙달되기 위해서는 훈련이 필요하다.

독서는 시코四股(스모 선수가 경기 전에 하는 준비운동. 두 발을 교대로 높이 들어 지면을 힘차게 구른다 — 옮긴이)와 비슷하다. 스모의 기초를 다지는 최고의 방법이 시코다. 스모 훈련소 중 시코를 가르치지 않는 곳은 단 한 곳도 없다. 자신은 꾸준히 시코를 훈련하여 강한 스모 선수가 되고도 후배에게는 굳이 시코를 훈련할 필요가 없다고 가르치는 사람이 있다면 그는 비난받아야 마땅하다.

독서는 사고 활동의 바탕을 만든다. 물론 독서를 하지 않아도 생각을 못하는 것은 아니다. 하지만 그것은 시코를 게을리한 선수의 스모 경기처럼 수준이 낮을 것이다. 사고력은 모든 활동의 기초다. 경제 활동을 비롯한 모든 것이 사고력을 바탕으로 이루어진다. 다들 경제가 위기라고 떠드는데 독서력을 다시 갖추는 것이야말로 이런 위기를 타파하는 최고의 방법이라고 생각한다.

책은 읽어도 되고 읽지 않아도 되는 것이 아니라 읽지 않으면 안 되는 것이다. 독서로 길러진 사고력이 뭔가를 생각할 때 큰 힘이 된다. 대화를 나눌 때도 독서경험이 긍정적으로 작용한다.

나에겐
독서력이 있는가

'독서력이 있다'는 말은 무슨 뜻일까?

이 물음에 대해 일정한 기준을 제시하고 싶다. '독서를 즐긴다'는 말과 '독서력이 있다'는 말은 엄연히 다르다. 물론 일치하는 경우도 꽤 있지만 좋아하는 추리소설 작가의 작품만을 읽는 사람은 독서가 취미라고 말할 수는 있어도 독서력이 있다는 보증은 없다.

독서력이란 것이 워낙 엄밀한 기준을 제시하기가 어렵다. 그러나 어느 정도 객관적인 잣대를 정해놓으면 독서력을 기르고자 할 때 목표를 쉽게 설정할 수 있지 않을까?

나는 '문학작품 100권과 교양서 50권'을 읽었다면 독서력이 있는 것으로 본다. '독서력'은 '독서 경험'이란 관점에서 설정한 기준이다.

여기서 말하는 문학작품이란 추리소설이나 오락 본위의 책을 제외한 것으로 흔히 추천도서 목록에 있는 책을 떠올리면 된다. 최근의 추천도서들은 전반적으로 내용이 가벼운 책들이 늘어났다. 하지만 어느 정도 높은 평가를 받는 책들이 꽤 많이 들어 있기 때문에 하나의 기준으로 삼을 만하다.

▌ 긴장하면서 읽어야
▌ 진짜 독서다

초등학생이라도 읽을 수 있는 재미있는 책은 제외한다. 그렇기 때문에 호시 신이치星伸一의 '쇼트 쇼트(초단편소설)'는 수준 높은 작품이라도 아주 짧은 단편소설은 포함시키지 않는다. 헤르만 헤세나 나쓰메 소세키의 작품과 같은 명작은 물론 아무 문제없다. 역사소설과 같은 책이 경계선이 된다. 역사소설은 다양한 인물상을 만날 수 있어 유익하지만 경우에 따라서는 추리소설처럼 완전히 오락 위주로 흘러가버린다.

나는 '정신의 긴장을 동반하는 독서'를 권한다. 정신의 긴장이 동반되느냐 그러지 않느냐는 엄밀히 잴 수 없다. 하지만 책을 읽어보면 어느 정도 분류할 수 있다. 물론 저자는 편중되지 않고 다양한 편이 바람직하다.

▌ 문고본에
▌ 익숙해져라

세계문학 시리즈와 같은 책을 손에 쥐었다면 초등학교 시절의 '어린이 독서'에서 탈피했다는 뜻이다. 초등학생은 주로 글자가 큼직한 아동도서를 읽는다. 일반 단행본은 어른스런 느낌이 든다. 그리고 들고 다니기 쉽다. 늘 책을 지니고 있다가 틈나는 대로 읽을 수 있다. 그런 독서 방식이 책의 형식에 딸려 있는 것이다.

'독서력이 있다'는 것은 독서 습관이 배어 있다는 뜻이기도 하다. 별 부담 없이 책을 잡을 수 있고 일상 속에서 자연스럽게 읽을 수 있는, 독서가 습관화된 힘, 바로 이것이 독서력이다. 정신의 긴장을 동반하는 독서는 처음에는 고통스럽다. 한 권을 다 읽어내는 데도 정신적인 에너지가 꽤 필요하다. 하지만 그런 점을 극복해가면서 한 권 한 권 읽다 보면 조금씩 익숙해진다. 처음에는 10페이지쯤 읽다가 책을 덮고 쉬면서 이제 얼마나 남았는지 살펴본다.

나도 중고등학교 때 책을 손에 잡으면 곧잘 몇 페이지나 남았는지 확인해가며 읽곤 했다. 몇 줄 읽다 보면 금세 딴 생각에 빠져 백일몽을 꾸는 경우가 많았다. 대뜸 장편부터 시작하면 부담이 되므로 읽기 쉽고 단편의 묘미를 느낄 수 있는 《O. 헨리 단편집》과 같은 단편소설을 초기 연습용으로 삼았다. 그렇게 단편집을 완독해나가면서 서서히 독서라는 행위에 익숙해져갔다.

책을 직접 서점에서 골라 가방이나 주머니에 쑤셔 넣고 자투리 시간에 읽어야 한다. 크기가 작은 문고본은 더욱 좋다. 그런

생활습관이 있느냐 없느냐가 결정적인 차이를 초래한다. 요즘
에는 이런 습관을 가진 고등학생이 소수에 불과하다.

독서력이 높은 사람들은 한결같이 '문고본 시대'를 거쳐 왔다.
그들은 엄청난 양의 문고본을 독파해낸 끝에 다양하고 수준 높
은 독서를 하게 된 것이다.

문고본에는 대체로 문학작품이 많다. 물론 문학 계열의 책을
전혀 읽지 않고 독서를 즐길 수도 있다. 국어 교육이 문학 교육
에 치우쳤다는 비판도 쭉 있어왔던 것이 사실이다. 하지만 현실
적으로 문학 교육이 빈약해지고 있다. 자아 형성은 독서의 중요
한 목표다. 독서력은 문학을 완전히 배제하고는 존재할 수 없다.
순문학만을 강조하는 것은 아니다. 다만 인생의 어느 시기에 다
양한 명작을 읽은 것을 독서력의 한 조건으로 내세우고 싶다.

아무 근거 없이 세운 기준이 아니다. 지금까지 독서력이 있다
고 인정받은 사람들은 대개 이런 명작을 읽었기 때문이다.

▌교양도서
50권의 힘

독서력의 기준으로 교양서를 내세운 까닭은 여기에는 문학 계열

의 책과는 또 다른 지식과 정보가 축적되어 있기 때문이다.

나쓰메 소세키의 소설을 읽는 초등학생을 보고는 별반 놀라지 않더라도 교양도서를 즐겨 읽는 초등학생을 보면 눈이 휘둥그레진다. 그런 책은 아이에게는 어울리지 않는다는 생각이 있기 때문이다. 물론 요즘 아이들은 정보처리 능력이 뛰어나기 때문에 충분히 읽어낼 수 있다. 그래도 세상일에는 기본적인 순서라는 것이 있다. 독서도 마찬가지다.

기본적인 순서로는 문고본이나 전집 등의 시리즈 도서들을 소화한 다음에 단권으로 된 책들을 손에 쥐는 것이 바람직하다. 시기적으로는 중고등학교 때 문고본에 익숙해진 다음 고등학교 말부터 대학교 2학년쯤까지 단권으로 된 교양서들을 읽는다.

그런데 요즘에는 학생들이 아니라 30대부터 50대까지의 남성들이 주로 교양서를 읽는다. 즉 책을 읽는 습관을 잃어버린 것이다. 이제 학생들이 인문서와 같은 책들의 주 고객이 아니다. 이것은 중대한 변화다. 간결하고 충실하게 특정 학문 분야를 정리해놓은 책은 입문서로서 안성맞춤이다. 그런데 젊은 시절에 교양도서를 읽는 독서 습관이 사라지다니 그것만큼 부자연스런 일도 없다.

그런 책을 손에 쥐느냐 마느냐가 독서력을 결정한다.

나도 책읽기에 푹 빠져든 시기가 있었다. 열여덟 살 무렵부터 스무 살쯤까지가 그 정점이었다. E. H. 카의 《역사란 무엇인가》, 마루야마 마사오의 《일본의 사상》, 포르트만의 《인간은 어디까지가 동물인가》 등에 몰두했다. 짧은 기간에 100권, 200권을 읽어나갔는데 한결같이 훌륭하고 영양가 있는 책이었다.

교양서는 한층 광범위한 지식 체계로 들어가는 입구가 되어준다. 한 권을 읽으면 보다 수준 높은 책을 두 권, 세 권 더 읽고 싶어진다. 그런 흡입력이 있다. '지식욕'이란 것은 자극을 받으면 누구라도 생겨나게 마련이다.

내 경험을 보면 50권을 읽고 안 읽고에 따라 큰 차이가 생긴다. 50권은 대략 한 달에 두 권이면 2년, 한 달에 한 권이면 4년이란 시간이 필요한 양이다. 열 권으로는 부족하지만 50권쯤 되면 확실하게 익숙해진다.

말과 글 중
어느 것이 더 중요할까

대학에서 학생들을 가르치고 있기에 나는 요즘 대학생들이 책을 멀리하는 현실을 잘 안다. 이런 모습이 안타까워 학생들에게 열심

'독서력이 있다'는 것은 우선 별 부담 없이 책을 잡을 수 있다는 것이다. 무엇이든 일상 속에서 자연스럽게 읽는 게 습관이 된 힘, 바로 이것이 독서력이다.

히 책을 읽으라고 권한다. 그 이유 중 하나는 책은 그 내용에 비해 값이 저렴하기 때문이다.

즉 비용 대비 효과가 높다. 책은 그 안에 들어 있는 에너지와 높은 문화적 가치에 비해 결코 비싼 것이 아니다. 대학 1, 2학년이라면 호주머니를 털어서라도 50권을 구입해 읽을 것을 강력하게 권한다.

책을 읽을 때면 저자가 내게 직접 말을 거는 듯한 느낌을 받게 된다. 뛰어난 재능을 지닌 사람이 땀을 흘리며 열심히 공부한 내용을 단 둘만의 공간에서 정중하게 내게 전해주는 느낌을 받는 것이다. 아무리 비싼 책이라도 지나친 가격이 아니다. 돈 몇 푼이 아깝다고 그런 훌륭한 얘기를 듣지 않아서야 되겠는가. 옛 사제 관계처럼 스승과 단 둘이 앉아 가르침을 받는 것과 같다. 이것은 아무리 생각해도 분에 넘치는 시간이다.

물론 글자로 이루어진 책이니만큼 실제로 사람이 얘기할 때 몸에서 발산되는 분위기나 친밀감 등은 충분히 전달되지 않는다. 하지만 정말 좋은 책은 글 속에 그 사람의 숨결이 들어 있다. 감정의 기복도 문장에 나타난다. 기개나 뜻은 오히려 응축되어 작열한다.

저자들 중에는 하고 싶은 얘기를 말보다는 글로 전달하는 편이 깊이가 있고 예리한 사람이 많다. 글에는 인격, 개성 등이 스며 있다. 게다가 글이 직접 전하는 말보다 구성이 치밀하며 정보가 정확하다.

혼자서 대가의 응축된 얘기를 들을 수 있는 사치스런 시간이란 이미지를 갖고 있으면 책을 읽지 않는 것이 손해라는 생각이 들 것이다.

강연회는 부담 없이 들을 수 있다. 그것은 말이기 때문이다. 글은 자신이 적극적으로 흡수해야 하는 부분이 있기에 정신적인 긴장이 요구된다. 하지만 글에 익숙해지면 다른 데서는 맛볼 수 없는 높은 영양가에 만족감을 느끼게 된다. 책장을 술술 넘길 수 있는 기술이 자신의 세계를 한없이 넓혀준다.

물론 강연회나 수업을 들으면 특유의 생동감이 있다. 나는 늘 말과 글의 장점을 비교해왔다. 대학시절에는 과연 90분의 수업이 90분의 독서에 필적하는지를 생각해보았다. 그리고 90분 동안 책을 읽는 편이 낫다고 판단되면 강의보다 독서를 선택했다.

보통 교양서는 요령 있게 지식을 정리해놓았다는 이미지를 지니고 있다. 그런데 내게 교양서는 거기서 더 나아가 저자의 숨결이나 뜻을 좀 더 느낄 수 있는 책이다. 뛰어난 인물에게 단독으로 얘기를 들을 수 있는 기쁨을 느낄 수 있다.

요약할 수 있어야 읽은 것이다

대화를 하다 보면 "무슨 책을 읽은 적이 있다."고 자랑스럽게 얘기하는 모습들을 볼 수 있다. 그런데 보통 책의 이해도를 확인하는 경우는 별로 없다. 읽었다는 말을 자기 나름의 기준으로 사용한다. 첫 장부터 마지막 장까지 다 읽는 경우도 있고 중간에 포기하는 경우도 있다. 그런데 마지막 장까지 읽고 책장을 덮지 않은 경우 읽은 게 아니라고 한다면 기준이 너무 엄격하다. 책을 절반이상 읽고 내용을 충분히 이해했는데도 책 읽기에 실패한 꼴이 된다면 독서 경험을 쌓아가는 데 장애가 될 수 있다.

내용을 요약할 수 있으면 그 책을 읽은 것이다. 절반밖에 읽지 않았어도 그 책의 핵심을 충분히 파악할 수 있는 법이다. 관심이 없는 부분은 건너뛸 수도 있다. 대략 절반 이상 읽고 구체적인 예를 들어가며 요약할 수 있다면 그 책을 읽었다고 당당하게 말할 수 있지 않을까? 소설은 요약이 중요한 것이 아니기에 제외하되 일반 교양서는 절반 이상 읽고 요약할 수 있으면 읽었다고 볼 수 있다.

이렇게 단정 짓는 데는 이유가 있다. 첫째는 아무리 책장을 끝까지 넘겼더라도 책의 내용을 요약할 수 없다면 독서한 효과가 별로 없기 때문이다. '요약'을 책을 읽은 조건으로 내세우면 늘 자신에게 요약을 할 수 있는지 묻게 된다. 독서를 마친 후에 "그런데 어떤 내용이었지?"라는 물음에 대략적으로 답할 수 있다면 다른 사람에게 도움이 될 뿐 아니라 자신의 독서력도 향상시킬 수 있다.

또 다른 이유는 읽었다는 기준을 엄격하게 정하면 많은 독서가 어려워지기 때문이다. 만약 마지막 장까지 읽는 것이 조건이 된다면 아무래도 읽은 책이 적어진다. 도중에 읽다 마는 책이 생기는 것은 자연스런 일이다. 책을 100권 샀다면 끝까지 읽는 책이 20퍼센트라도 이상한 일이 아니다. 그렇다고 나머지 80퍼센트가 독서에 실패한 것일까? 아니다. 책의 주장과 핵심내용을 이해했다면 그 책은 다 읽은 것이다.

절반 이상 읽고 내용을 이해한다면 책을 읽었다고 당당히 말할 수 있고, 20퍼센트쯤 읽고 나머지 80퍼센트의 내용까지 파악한다면 독서 요령이 좋은 것이다. 물론 20퍼센트쯤 읽었다면 읽었다는 말을 할 수 없을지 몰라도 절반 이상 읽고 내용을 파악할 수 있다면 읽었다고 말하기에 충분하지 않을까?

'그 책을 읽은 적이 있다'고 내세우고 싶은 마음은 누구에게나 있다. 읽었다는 기준을 다소 느슨하게 정함으로써 책을 주제로

독서력이 있는 사람은 짧은 시간에 정확하게 밑줄을 그
어나갈 수 있다. 이는 속독법과는 좀 다르다. 책 한 권을
빨리 읽는 기술이라기보다는 내용을 정확하게 파악하
는 효율적인 기술이라고 할 수 있다.

한 대화가 활발해진다. 책에 관한 대화는 나중에 다루겠다.

책의 내용을 논리적으로 파악하는 일은 중요하다. 그런 능력을 단련하는 데 교양서가 적합하다. 소설은 요약하면 본연의 맛을 잃어버릴 수 있다. 하지만 교양서는 일반적으로 주제가 요약된 부분이 분명히 드러나 있다. 중심 주제가 드러난 부분을 정확히 파악하여 머릿속에 넣는 것이 책을 파악하는 목적이기에 읽다보면 요약 능력이 절로 높아진다.

대개 책은 똑같이 중요한 내용으로 전체가 채워져 있지 않다. 저자가 강조하고 싶은 핵심이 있다. 가장 중요한 곳을 정확하게 짚어내는 훈련에는 역시 교양서가 효과적이다.

독서력은 어떻게 검증할 수 있을까

나는 독서력이 인간의 이해력이자 커뮤니케이션 능력이란 점을 설명할 생각이지만 우선은 좁은 의미의 독서력에 대해 좀 더 말하고 싶다.

현재의 독서력을 측정하는 것도 독서력을 높이는 데 도움이 된다. 그 수단으로서 '독서력 검정 시험'을 들 수 있다.

천천히 내용을 음미하는 독서가 있는가 하면 정보를 섭취하는 독서도 있는 법이다. 독서력을 시험을 통해 일률적으로 측정하는 일은 결코 쉽지 않다. 단, 빨리 읽는 능력과 지식·정보를 정확하게 파악하는 능력은 서로 모순되지 않는다. 일류 논픽션 작가는 수많은 책을 짧은 시간에 읽어낸다. 이는 독서력이 있기에 가능한 일이다. 대조적으로 책 한 권을 눈앞에 던져주고 읽으라고 하면 어찌 할 바를 모르는 사람도 있다. 주어진 시간이 5분이면 5분, 30분이면 30분, 즉 시간에 따라 '읽는 법'을 달리할 수 있는 능력도 독서력이다.

만약 내가 독서력 검정 시험을 실시한다면 방법은 이렇다. 전원에게 똑같은 책 몇 권을 건네준 다음 30분쯤 시간을 주고 요점에 밑줄을 긋게 한다. 책 읽는 속도가 느린 사람은 한 권도 제대로 끝낼 수 없을 것이다. 반대로 독서력이 있는 사람은 짧은 시간에 정확하게 밑줄을 그어나갈 수 있다. 이는 속독법과는 좀 다르다. 책 한 권을 빨리 읽는 기술이라기보다는 내용을 정확하게 파악하는 효율적인 독서법이라고 할 수 있다.

중요한 부분에 밑줄을 긋게 하면 책 읽는 능력이 겉으로 드러난다. 즉 밑줄 그은 곳을 보면 그 사람이 얼마나 내용을 이해했는지 알 수 있다. 핵심이 아닌 부분에만 밑줄이 쳐져 있다면 독서력이 있다고 볼 수 없다. 중요한 주장을 빠트리지 않고 그 주장의 근거나 관련 사례까지 짚어내면 내용을 확실하게 파악한 것이다.

책에 대한 생각을 표현하면 독서력과는 다른 능력이 향상된다. 창의적인 사람의 말이나 글은 재미있다. 하지만 그것은 독서력이 아니다. 책을 읽고 중요한 부분에 밑줄을 그을 수 있는 능력까지를 독서력이라고 정해놓음으로써 '기준'이 낮아진다. 독창적인 감상을 내놓지 못했다고 해서 그 책을 읽지 않았다고는 할 수 없다.

채점은 의외로 간단하다. 다섯 권을 30분 안에 파악하는 것이 과제라면 실력에 따라 밑줄을 그어놓은 권수가 달라지게 마련이다. 게다가 책 한 권 한 권에 대한 이해도는 일목요연하게 알 수 있다. 듬성듬성 읽음으로써 핵심적인 부분을 놓치고 있다면 당연히 평가가 낮아진다. 키워드에 확실하게 동그라미를 쳐놓았고 밑줄 친 부분만 읽어도 그 책의 내용을 알 수 있다면 그 사람은 독서력이 있는 것이다. 밑줄 친 부분만 읽어도 논리적으로 책의 내용을 파악할 수 있다면 더더욱 높은 점수를 받게 된다.

독서력이 빼어난 사람이 아니라도 채점자가 될 수 있다. 사전 토의를 거쳐 중요한 부분을 책마다 열 군데든 스무 군데든 정해놓으면 그 부분에 밑줄이 얼마나 그어져 있느냐에 따라 대강 순위를 매길 수 있다.

■ 사회에서 실제로 요구되는 독서력

이와 같은 독서력은 사회에서 실제로 요구되고 있다. 그런 의미에서 실천적 성격이 강하다. 자료 열 권을 한두 시간에 척척 처리할 수 있는 사람에게는 보다 많은 일을 부탁할 수 있다. 어떤 일이든 정보처리 능력이 필요한 시대다. 제대로 고르는 법만 알고 있으면 책은 꽤 효율적인 정보매체다.

책을 고를 때도 단시간에 내용을 파악하는 독서력이 요구된다. 독서력이 있는 사람은 요점 파악 능력이 뛰어나기에 업무상 연락을 주고받을 때도 정확하다.

나는 입사시험이나 대학입시 등에 이 방식이 채용되기를 바란다. 현재의 대학입시 과목, 특히 사회 과목 등은 변함없이 하잘것없는 지식을 묻고 있다. "시험공부 때문에 책을 읽을 수 없다."니 정말 어처구니없다. 대학, 특히 문과 계열의 공부는 책을 읽는 것이 핵심이다. 설사 이과 계열이라도 논리적인 사고를 단련하는 데 독서는 필수다. 수많은 논문을 읽고 정확하게 내용을 파악해야 한다. 대학에서 진정으로 필요한 능력을 묻는 것이 이상적인 입학시험이 아닐까?

입시 준비가 시간 낭비라는 말은 아니지만 독서가 부정되는 현재의 방식은 잘못되었다. 책 몇 권을 눈앞에 쌓아놓고 단시간에 읽어낼 수 있는 사람이라면 어느 학부에 들어가도 잘 해낼 것이다. 반면 암기 위주로 공부하여 독서력을 갖추지 못한 사람은 대학에서 공부할 때 고전을 면치 못하게 된다.

앞으로는 학교든 기업이든 소수 정예로 구성되는 곳이 늘어날 것이다. 그때 정말 실력 있는 사람을 찾는 유력한 방법으로 독서력 검정 시험을 권하고 싶다. 이 검정 시험을 통과한 소수의 인재를 상대로 그와 관련된 소논문을 쓰게 하거나 구두시험을 실시하면 된다. 한 권을 갖고 시험을 본다면 어떤 분야의 책이냐에 따라 울고 웃는 사람이 나올 수 있지만 분야가 다른 다섯 권으로 시험을 치르면 본래의 실력이 드러나게 마련이다. 그리고 한 분야라도 뛰어난 독서력과 감각을 지닌 사람을 채용하고 싶다면 그렇게 하면 그만이다.

공부 방식은 시험 방식이 결정한다. 시험이 얄팍한 지식을 물으면 공부 방식도 자연스럽게 그리 될 수밖에 없다. 시험 방식과 공부 방식은 닭이 먼저냐 달걀이 먼저냐의 관계가 아닌 것이다. 시험 방식이 바뀌면 공부 방식이 바뀐다. 지금 우리에게 요구되는 것은 본격적인 독서력을 묻는 시험이다.

■ 왜 100권인가?

독서력을 측정하는 기준으로 문학작품 100권과 교양도서 50권을 내세웠는데 왜 100여 권의 책을 기준으로 했을까?

그것은 독서가 '기술'로서 질적인 변화를 일으키는 경계선이 얼추 100권이기 때문이다. 물론 한 권 한 권 읽어나가면서 독서력은 달라진다. 하지만 크게 보았을 때 질적인 차이가 분명히 나타나는 비등점의 권수는 열 권, 스무 권이 아니라 100권이다.

'기술'이라 불리기 위한 조건이 있다. 책을 읽는 것이 습관이 되어 당연해져야 한다. 또는 어떤 책이든 실패 없이 정확하고 일정하게 읽어나갈 수 있어야 한다. 제대로 된 책을 100권가량 소화해내면 책을 읽는 습관이 생겨 두꺼운 책이든 얇은 책이든 개의치 않게 된다. 그러면 바쁜 가운데에도 책을 읽는 일이 버겁지 않다. 독해력이란 관점에서도 100권 이상 읽어낸 학생과 그렇지 않은 학생은 뚜렷하게 차이가 난다.

읽은 책이 늘어날수록 독해력이 높아지는 것은 당연한 일이지만 독서력의 기준으로 1000권을 내세운다면 벽이 너무 높지 않을까? 독서가 직업의 일부인 학자나 걸출한 독서인을 독서력의 기준으로 삼을 수는 없다. 과거의 일반적인 대학생이 읽었던 분량이 현실적으로 타당한 기준이 될 것이다.

단, 유효기간은 4년

그런데 100권을 얼마 만에 읽어야 할까? 물론 평생 걸려 100권을 읽는 것도 나쁘지는 않다. 하지만 훈련 효과를 생각하면 유효기간은 4년으로 정하고 싶다. 옛날에는 가능했는데 지금은 불가능하다면 그건 기술이라고 할 수 없다. 완전히 잊어버려서 제로가 되기 전에 연습을 거듭해야 한다. 어느 정도 집중적인 훈련 기간을 두면 기술이 자리 잡는다. 엄밀하게 4년을 지켜야 하는 것은 아니기에 5년이라도 상관은 없지만 10년은 너무 길어 해이해지기 십상이다.

100권은 대충 잡아 한 달에 두 권이면 4년, 네 권이면 2년이 걸리는 수치다. 현재 학생이 아니더라도 4년을 기준으로 독서를 시작하기 바란다.

100권은 기준으로 삼기에 좋은 숫자로 나름 신중하게 결정한 수치다. 여러분은 주변 사람들을 100권 이상 읽은 사람과 그렇지 못한 사람으로 나눠보기 바란다. 아마 100권 이상을 읽은 사람은 독서가 습관화되어 있지 않을까? 그리고 대화를 나눠보면 100권을 읽지 않은 사람보다 정확성이나 설득력이 뛰어남을 느낄 수 있을 것이다. 즉 150권 이상을 읽은 경우 일정 수준 이상의 지성이나 교양이 느껴진다. 150권을 읽었는데도 전혀 티 나지 않게 행동하기가 오히려 어려운 일이다.

■ 머리 좋은 사람이 책을 잘 읽는 것은 아니다

일반적으로 운동신경이 발달한 사람은 이것저것 잘하는 운동이 많다. 독서 역시 마찬가지다. 하지만 독서는 운동과 달리 특별한 소질을 필요로 하지 않는다. 훈련 방법에 따라 누구라도 꽤 높은 수준에 도달할 수 있다. 게다가 독서를 통해 몸에 배는 힘은 매우 개성적이다.

독서는 머리로 하는 것이 아니다. 지금까지 축적된 독서량으로 하는 것이다. 읽기의 세계에서는 그야말로 '꾸준히 하는 것'이 힘이 된다.

예전에 《구조주의와 포스트구조주의》라는 책이 프랑스 현대 사상을 취급한 책으로는 이례적으로 높은 판매량을 보였다. 당시 어떤 실험에서 아이큐는 높지만 평소에 독서를 하지 않는 사람에게 이 책을 읽혔더니 무슨 말인지 도통 모르겠다는 대답이 나왔다. 그때 그 사람은 "난 아이큐가 꽤 높은 편인데 이해할 수 없으니 참 이상한 일이다."라고 말했다. 그런데 그 말은 독서를 잘 모르기에 나온 발언이다.

　독서는 머리로 하는 것이 아니라 지금까지 축적된 독서량으로 하는 것이다.

　그런 의미에서 독서는 장거리달리기나 행군과 비슷하다. 특별히 발이 빠를 필요가 없다. 날마다 달리고 조금씩 거리를 늘려나가면 대부분 장거리달리기를 할 수 있게 된다. 운동신경이 뛰어나더라도 평소에 연습을 게을리한 사람은 소질이 부족해도 꾸준히 연습한 사람보다 뒤처지게 된다.

　독서의 세계에서는 그야말로 '꾸준히 하는 것'이 힘이 된다. 그렇기 때문에 150권이란 독서량을 독서력의 기준으로 세운 것이다. 그 정도 분량을 소화해낸 사람은 그만한 독서력을 갖추고 있다는 생각에서다.

초등학교 시절에 독서가 취미였던 까닭은?

조사 결과 초등학생들의 독서량이 결코 적지 않다. 그런데 중고생이 되면 급격하게 독서량이 감소한다. 일반적으로 초등학생 때는 독서가 취미였는데 중학생이 된 이후에는 왠지 책을 잡지 않게 된다.

문장을 읽는 힘은 당연히 초등학생보다 중고생이 뛰어나다. 그런데 왜 독서량이 감소할까?

초등학교 때 독서가 취미였다는 말 속에는 짚고 넘어가야 할 점이 있다. 그 독서의 대부분이 아동도서라는 사실이다. 지금 초등학생들이 좋아하는 책 중에는 하다못해 그림책도 들어가있다. 이처럼 그림책이나 오락 본위의 아동도서를 판단 자료로 삼으면 안 된다. 성인의 독서와는 차이가 있기 때문이다.

중고생이 되어서 책과 담을 쌓는 현실을 보면 초등학생의 독서 지도에 문제가 있는 것이다. 중고생이 책을 멀리하는 것은 독서 교육이 제대로 실행되지 않아서다. 독서는 자연스럽게 이루어지는 것이 아니다. 하지만 적절한 지도를 받으면 상당수의 사람이 책을 읽게 된다.

한때 '아침 독서 운동'이 전국적으로 펼쳐졌다. 아침에 10분

내지 20분 동안 책을 읽자는 운동이다. 책을 지정하지 않고 감상문을 요구하지도 않는다. 이처럼 제약 없이 가볍게 책을 읽는 시간만 확보해가는 것이다. 이 운동은 독서를 몸에 배게 하는 데 효과적이다.

대학에서 가르치는 입장에서 보면 고등학교를 졸업했을 때 높은 수준의 독서력만 갖추고 있으면 그만이다. 그런데 현실적으로는 독서는 학교교육과는 별개라는 생각이 퍼져 있는데 그것은 잘못된 것이다. 학교교육의 주된 목적을 독서력 형성으로 삼아서 교과 과정으로 정해야 한다. 심지어 나는 모든 교육이 독서력 형성으로 이어져야 한다는 생각을 갖고 있다.

독서에도 단계가 있다

구어체 표현과 문어체 표현이 서로 다르듯이 아이의 독서와 성인의 독서도 같지 않다.

독서력은 이를테면 강한 이빨이나 턱과 같다. 딱딱한 음식물은 성장기에 이빨과 턱을 단련시켜준다. 그리고 단련된 이빨과 턱으로 그 이후의 삶을 헤쳐 나간다. 부드럽고 달콤한 음식만

먹으면 이빨이나 턱이 발달하지 않아 영양 섭취에 나쁜 영향을 미친다. 이와 같은 일이 독서에서도 일어나고 있다.

딱딱한 책이 외면받고 만화나 게임처럼 스스로 소화시킬 필요가 없는 부드러운 책을 선호하는 경향이 가속화되고 있다. 독서를 할 수 있는 이빨이나 턱이 단련되지 않은 채 성인이 되는 일이 다반사다. 만화는 딱딱한 책과 비교하면 스프에 해당된다. 아니면 과자라고 할 수 있다. 요즘에는 만화도 글자가 많은 것은 그다지 인기를 끌지 못하는 실정이다.

어느 중학교 교사에 따르면 그곳 학생들은 책을 읽는 습관이 거의 없다고 한다. 한번은 그들이 만화책을 팔랑팔랑 넘기기에 굉장하다는 생각이 들었다고 한다. 그런데 자세히 살펴보니 그들은 만화책의 글자조차 읽지 않았다. 그가 아이들에게 그 이유를 묻자 귀찮아서라는 대답이 돌아왔다.

독서를 할 수 있는 이빨과 턱을 성장기에 단련해두면 평생의 보물이 된다. 아동도서는 이를테면 이유식이다. 물론 질이 높은 아동도서도 있다. 질의 문제가 아니라 읽기 쉽다는 점에서 아동도서는 이유식이다. 물론 이유식으로서의 아동도서는 필요하다. 게다가 거기서 흡수되는 영양은 풍부하다. 하지만 이 단계를 아무리 되풀이해도 이빨이나 턱은 강해지지 않는다. 이유식 단계에서 멈춰버리는 사람도 나올 수 있다.

다음 단계로 추리소설, 역사소설, 잡지, 초단편소설 등 이해가 쉽고 읽기 쉬운 책이 있다. 이것은 젖니 수준의 책이다. 애초부터 독자가 즐길 수 있는 내용으로 구성되어 있다. 읽으면 유용하다거나 성장한다기보다는 재미가 우선이다. 재미있고 읽기 쉬운 젖니 수준의 책을 읽으면 활자에는 익숙해지지만 본격적인 독서의 세계로 들어갈 수 있다는 보증은 없다. 이것은 흥미 본위의 책이 지닌 한계다.

지금까지는 젖니 수준의 독서와 본격적인 독서가 혼동되어왔다. 독서가 취미라고 해도 책의 질이 중요하다. '자아 형성'이란 관점에서 보았을 때 유익한 책을 읽어야 한다. 대학생에게 도서목록을 작성하게 하면 추리소설이나 공상과학소설만 적어오는 학생들이 있다. 이것은 젖니 수준의 독서에 머무는 것이다. 30, 40대 중에도 이 수준의 독서에 멈춰 있는 사람이 많다. 독서가 취미인 성인들도 독서력에 대한 관점을 확실히 지니고 있어야 한다.

그다음 단계로 영구치 수준의 독서가 있다. 치아가 다시 돋아나는 독서라는 뜻이다. 좀 딱딱하고 진지하지만 영양가가 있고 익숙해지면 재미있다. 편안한 정신의 긴장을 맛볼 수 있다. 그런 새로운 감각을 맛보게 해주는 것이 영구치 수준의 독서다.

홍미 본위의 독서에서 탈피할 수 있도록 다리가 되어주는 책만이 독서력을 형성하는 데 결정적인 역할을 한다. 아동도서를 읽느냐 마느냐가 결정적인 영향을 준다기보다 영구치를 만들어주는 독서를 하느냐 마느냐가 이후 독서 습관에 큰 영향을 미친다. 가령 어렸을 때 책을 그다지 읽지 않았어도 중고생 시절에 적절한 계기를 통해 성인의 독서에 발을 디디게 된다면 이후에는 순조롭게 독서의 세계로 나아가는 경우가 종종 생긴다.

독서력이 폭발하는 지점을 찾아라

꾸준히 독서를 해온 사람이 자신의 독서 경력을 되돌아보면 반드시 성인의 독서로 넘어서게 해준 책이 있을 것이다. 홍미 본위의 독서를 극복하는 계기가 되어준 책이 내게도 있다.

나는 초등학교 시절에는 책을 즐겨 읽었는데 중학교에 들어가면서 점점 독서량이 줄어들어 한 달에 두 권 정도 읽게 되었다. 고등학교에 들어가서도 여전히 독서량은 늘지 않다가 1학년 때 지리 선생님이 지리 시간을 깡그리 독서 시간으로 삼은 것이다. 단순하게 집에서 좋아하는 책을 한 권 들고 와서 수업 시간에 읽게 했다. 선생님은 별다른 지도를 하지 않았다. 단지 우리에게 책을 읽히기만 했을 뿐이었다. 수업 시간이 75분 정도였으니 75분 내내 책을 읽게 된 것이다.

나는 앙드레 지드의 《좁은 문》을 맨 처음 들고 갔다. 학교에서 일단 읽기 시작하자 이상하게도 멈출 수가 없어 끝까지 다 읽었다. 그 만족감은 상당히 컸고 그 뒤로 잇달아 읽기 시작했다.

그 뒤에는 굴러가는 눈덩이처럼 독서량이 늘어갔다. 하굣길에 서점에서 책을 살펴보는 것이 하루 일과가 되었다. 단순한 독서 지도였지만 그 효과는 전 학생에게 오래도록 영향을 미쳤다.

■ 한 사회의 독서력이 높아야

나는 과거에 없던 독서력을 강조하는 것이 아니라 이전에 일본 국민이 세계 최고의 독서력을 지니고 있었던 사실을 배경으로 말하고 있다.

높았던 독서력을 나타내는 기준으로서 세계 명작 전집의 높은 판매량을 들 수 있다. 한창 독서량이 많았을 때 전집의 발매

부수는 지금은 상상도 할 수 없을 정도로 높았다. '집집마다 백과사전이 한 질씩 있었다'는 시절이다. 교양주의에 빠져 있었기 때문인지 현재 70대 이상인 사람에게 물어보면 어렸을 때 명작 전집을 읽은 이가 놀라울 정도로 많다. 특히 세계문학이 미친 영향이 크다. 괴테나 스탕달 등의 작품이 포함된 세계문학 전집을 나이 지긋한 사람들은 즐겨 읽었던 것이다.

도스토옙스키나 톨스토이 같은 러시아 작가는 미국에서는 그다지 읽히지 않는다. 아니, 러시아 국내에서도 국민 모두가 즐겨 읽지 않는다고 한다. 하지만 어느 시기에 일본에서는 러시아 문호들이 높은 인기를 끌었다. 괴테, 토마스 만, 헤세 등 독일 작가들이나 칸트, 니체 같은 독일 철학자의 저서도 학생들의 기본 도서였다. 다시 말해 세계문학과 철학을 통해 문화의 다양성을 수용해왔다고 할 수 있다.

경제를 국제적으로 평가할 때 '펀더멘털'이라는 말이 사용된다. 기초 조건이란 뜻인데 경제를 평가할 때도 일본인의 높은 독서력이 이른바 보이지 않는 자산으로 인정받았다.

으레 일본의 교육 수준이 경제 평가에 포함되어왔고 이 높은 교육 수준이 밖으로 드러난 것이 독서력이다. 높은 독서력이 고도의 정보처리 능력이나 배우려는 마음을 대외적으로 알려주었다. 하지만 갈수록 독서력이 낮아지고 있다. 책을 읽는 비율이 줄어드는 것이다. 현재의 50대, 60대들이 대학생 무렵에 읽은 책과 현재의 대학생이 읽는 책을 비교하면 전자가 많다.

그렇다면 독서력을 부활시켜야 하지 않을까? 나는 독서력을 다시 갖추는 길이 한 국가의 추락을 막는 최상의 방법이라고 믿는다. 독서는 배우려는 마음 그 자체이다. 동시에 독서는 배우려는 마음을 북돋우기도 한다. 국민 모두가 높은 독서력을 갖추고 있는 나라는 잠재력이 있고 박력이 넘쳐난다. 독서를 통해 정보 처리 능력과 커뮤니케이션 능력을 갖추고 자아를 형성함으로써 국가의 장기적인 위상을 높일 수 있다.

윤리관이나 신념은 문화나 경제의 근원이다. '멋진 것을 만들고 싶다. 세상을 좀 더 살기 좋게 만들고 싶다'는 강한 신념이 문화나 경제 활동을 활성화시킨다. 그 신념의 근원이 되는 윤리관이나 이해력은 많은 책을 읽으면서 길러진다.

높은 독서력이 윤리관이나 이해력을 길러준다면 현재 윤리관이 무너지는 것은 독서력의 저하와 관련지어 생각해볼 수 있지 않을까? 사실 내용이 있는 책을 많이 읽은 사람은 어느 정도 교양을 갖추고 있다. 그 교양 속에는 사물에 대한 판단력이나 향학열, 그리고 넓은 의미의 윤리관도 포함된다. 책을 많이 읽는다고 반드시 자아를 형성할 수 있는 것은 아니다. 하지만 책을 통해 무언가를 배우고 커뮤니케이션 능력을 길러가는 것이 분명 중요하다.

나를 찾고 싶다면
독서를 하라
: 자아 형성

내가 진정 하고 싶은 것은 무엇일까라는 물음을
자신에게 던지는 일은 때로 괴로운 법이다
자신을 알기 위해 내면만 파고들어서는
오히려 자아를 갈고닦기가 힘들다
독서는 뛰어난 사람의 생각이
자신의 내면으로 들어오게 하는
기회를 제공한다

2

자신을 만드는
최고의 방법

"책은 왜 읽어야 하는가?"라고 물으면 나는 바로 "자신을 만드는 최고의 방법이기 때문"이라고 대답한다.

자신의 세계관이나 가치관을 형성하고 자신의 세계를 만들어 가야 한다. 이렇게 자신을 만들어가는 과정은 즐거운 일이다. 하지만 이 엄격하고도 즐거운 자아 형성을 근래에 들어 가볍게 여기는 경향이 있다. 특히 한동안 자아 형성을 가볍게 여기는 경향이 가속화되었다. '내용은 없어도 된다. 진지한 건 재미가 없다'는 분위기가 만연했다. 그런 영향하에서 성장한 사람들은 자아 형성의 문제와 정면으로 마주 서기가 힘들어졌다.

하지만 자아를 형성하는 문제는 피한다고 피할 수 있는 일이 아니다. '독서를 통해 진지하게 자아를 형성할 필요는 없다. 재미있게 살아가면 그만이다'라는 풍조 속에서 자아 형성의 과정을 잃어버리면 때로는 극단적인 가치관에 빠지게 된다.

자아란 것은 확고하게 고정된 것이 아니다. 경험과 사고를 쌓아가면서 정체성이 중층적으로 쌓여가며 안정되어간다. 그것이 일반적인 경향이다.

그런데 독서의 폭이 좁으면 한 가지 사실을 절대시하게 된다. 교양이 있다는 것은 폭넓은 독서로 종합적인 판단을 내릴 수 있다는 의미다. 눈앞의 한 가지 주장에 마음을 빼앗겨 냉정한 판단을 할 수 없게 된 사람은 지성이나 교양이 있다고 할 수 없다.

절대적인 가치관을 하나 받아들임으로써 다른 것은 부정하는 사고방식에 빠지면 독서의 폭도 한정되고 자신들의 주장에 맞는 것만 선택하게 된다. 그렇게 되면 다양한 삶의 방식을 음미하는 관용적인 태도를 볼 수 없고 한 가지 삶의 방식만을 모범으로 삼는 경향이 강해진다.

모순되고 복잡한 사실들을 마음속에 공존시키는 것. 독서로 기를 수 있는 것은 바로 이 복잡성의 공존이다. 자아가 한 덩이의 단단한 바위라면 부서지기 쉽다. 복잡성을 공존시키면서 서서히 나선 모양으로 상승해가야 한다. 그래야 강인한 자아를 기를 수 있다.

사고가 정지해 있는 모습을 강하다고 할 수는 없다. 그것은 딱딱하고 허약한 모습이다. 편협한 사고에서 탈피하여 다른 사람

을 받아들이는 부드러움. 이것이 독서로 가꿔지는 강인한 자아
의 모습이다.

■ 교양은 지식이 아니라
■ 자신을 찾는 것

교양이란 말은 빌둥Bildung이란 독일어에서 유래했다. 독일어 빌둥
에는 자아 형성이란 뉘앙스가 짙게 풍긴다. 이제는 교양이라면 폭
넓은 문화적 지식을 가리키지만 한때 일본에서도 '자아 형성을 위
한 교양'이란 사고방식이 널리 공유되던 시대가 있었다.

톨스토이, 도스토옙스키, 괴테, 칸트, 니체 등 문학과 철학을
중심으로 인격 형성에 큰 영향을 미치는 저자들의 책이 교양서
로 자리 잡고 있던 시기가 바로 교양주의 시대였다. 기본적인
책을 읽지 않은 사람은 부끄러워했고 그런 의식이 학생들 간의
긴장을 높였다. 지금은 뭔가 몰라도 창피하게 여기지 않는다.

사실은 얄팍한 지식에 수치심을 느껴도 괜찮다. 공부를 하게
되고 서로 향상되는 법인데 '철학이나 문학 따위는 안 읽어도
된다'는 안이한 방향으로 모두가 발맞추어 나아가고 있기에 전
체적으로 정신적인 긴장을 느낄 수가 없다. 대학 시절에는 친구

와 대화를 나누다가 듣도 보도 못한 책에 대한 얘기가 나와도 당연히 알고 있다는 듯이 장단을 맞춰놓고 나중에 부랴부랴 읽는, 안쓰러운 노력을 자주 했다. 그러다 보면 모두가 그 집단에서 가장 수준 높은 사람을 따라잡기 위해 노력하게 된다. 각자가 안간힘을 써가며 마음을 다잡고 경쟁하기에 더욱더 책을 읽게 된다.

그러나 책보다 음악, 스포츠, 차 등에 관한 잡지나 만화가 영향력을 갖기 시작했다. 고전문학보다 서브컬처라 불리는 가벼운 오락 문화가 젊은이에게 중시되어갔다.

1980년 이후 방송이나 광고 문화가 일반인에게 깊숙이 침투하면서 어려운 것보다 쉬운 것, 품질보다 마케팅이 중요하다는 가치관이 확대되었다. 젊은이들이 명품을 선호하게 된 것도 이 무렵부터다. 고전으로 분류되는 교양서를 읽으면서 자아를 형성하려는 사람을 고지식하게 여기는 반면 명품을 즐기고 세련된 가게를 환히 꿰고 있는 사람이 인기를 끌게 되었다.

거품경제 시기에는 그런 시대적 분위기와 함께 성실하게 일하는 것보다는 잔머리를 굴려 부동산이나 주식에 투자해야 재산을 쉽게 늘릴 수 있다는 인식이 사회에 만연했다. 이런 사회적인 분위기 속에서 차분히 책을 읽고 자신을 갈고닦는 일은 설

자리를 잃었다.

유럽 대학생에 비해 독서량이 크게 떨어진 것이 아마 이 무렵부터가 아니었을까? 미국의 경우 고등학교 때까지는 그다지 책을 읽지 않다가 대학에 입학하면 갑자기 엄청난 독서가 요구된다. 일본 대학에서도 리포트를 쓸 때 과제 도서가 제시되는 경우가 있지만 현실적으로 대학생들을 살펴보면 열심히 책을 읽지 않아도 졸업은 한다. 독서 습관이 전혀 배어 있지 않아도 학위를 딸 수 있는 것이다. 이러니 고등교육기관으로서 유럽과 크게 차이가 나는 것도 무리가 아니다.

대학생이 책을 읽지 않는다는 말이 나온 지는 오래되었다. 대학생이 독서력을 지니고 있지 않다는 사실은 확실히 한 국가의 추락을 의미한다. 대학생의 교양주의가 쇠퇴한 25여 년간 전체적으로 느슨해진 정신 상태가 현재 일본의 어려움을 초래했다.

▌혼자가 되는 시간의 즐거움을 알자

혼자만의 조용한 시간은 사람을 성장시킨다.

물론 사람들과 즐겁게 어울리면서도 인간성을 갈고닦을 수 있겠지만 혼자 조용히 자신과 마주 서는 시간이 자아 형성에는 필요하다. 음악을 들으면서 혼자 멍하니 있는 시간도 즐거운 법이다.

독서는 정신적인 긴장을 필요로 한다. 이 적절한 긴장이 깊은 만족감을 가져다준다. 독서는 혼자 하는 듯싶지만 결코 혼자 하는 것이 아니다. 책을 쓴 사람과 함께하는 둘만의 시간이다. 저자가 눈앞에 있는 것이 아니기에 부담이 없다. 하지만 조용하고 깊숙이 말을 걸어온다. 뛰어난 인물이 공들여 만든 문장을 혼자 음미하는 시간. 이런 시간에 얻게 되는 것은 이루 헤아릴 수 없다. 독서를 좋아하는 사람은 혼자 책 읽는 시간의 풍요로움을 잘 안다.

인터넷이 발달하면서 모든 것을 정보로 인식하는 경향이 한층 강해지고 있다. 신속하게 필요한 정보를 찾아내 종합하는 능력은 반드시 필요하다. 하지만 어딘가에 쓰기 위해 단편적인 정보만 처리한다면 인간성이 충분히 배양될 수 없다.

뛰어난 사람과의 대화를 통해서만 인간은 종합적으로 성장할 수 있다. 주변에 그런 사람이 늘 있는 것이 아니다. 하지만 책을 통해서는 현재 이 세상에 없는 사람에게서도 훌륭한 가르침을 들을 수 있다. 뛰어난 사람과의 만남은 더 나은 단계로 나아갈 어떤 책이 좋다 나쁘다 단정할 수는 없지만, 책의 질은 매우 중요하다. 흥미 본위의 독서에서 탈피할 수 있도록 다리가 되어주는 책을 발견해야 한다. 그런 경험이 독서력을 형성하는 데 결정적인 역할을 한다.

욕구를 자극하고 인간성을 높여준다.

독서력만 갖추면 다양한 분야의 뛰어난 사람에게서 조용히 얘기를 들을 수 있다. 단 실제 얼굴을 마주 보고 듣는 것보다 집중력이 필요하다. 문장을 이해해야 하기에 긴장을 유지하지 않으면 독서를 계속할 수 없다. 적극적으로 의미를 이해하려는 자세가 없으면 독서가 되지 않는다. 독서 습관은 사람에게 적극적으로 다가서는 태도를 길러준다.

■ 자신과 마주 서게 해주는 독서

"내가 진정 하고 싶은 것은 무엇일까?" 또는 "나는 발전하고 있는가?"라는 물음을 자신에게 던지는 일은 때로 괴로운 법이다. '자신'을 알기 위해 내면만 파고들어서는 자아를 갈고닦기가 힘들다. 양파 껍질처럼 아무리 벗겨도 아무것도 나오지 않는 상실감이 찾아올 수 있다. 독서는 뛰어난 사람과 만날 수 있는 기회를 제공하여 그 사람의 생각이 자신의 내면으로 들어오게 해준다.

자신의 내면만 주시해서는 도저히 보이지 않는 세계를 독서는 열어준다. 언어의 힘은 그 말을 내뱉은 사람과 완전히 분리

될 수 없다. 정보만 달랑 주어질 경우 이렇다 할 영향력이 없을 지라도 그 정보가 누군가 알고 있는 사람의 말이라면 또 다른 살아 있는 의미를 갖게 된다. 평범한 표현이라도 셰익스피어의 대사라는 말을 듣는 순간 눈이 번쩍 떠지게 마련이다.

누구 입에서 나왔는지 모르는 말보다 책에 적혀 있는, 저자가 직접 생각을 정리해 전해주는 말이 마음 깊숙이 스며든다. 한 저자의 생각에 반해 잇달아 그의 책을 탐독하는 것도 어느 시기 의 독서법으로 효과적이다. 그러면 독서가 다른 사람과 대화를 나누는 시간이라는 사실을 깨닫게 될 것이다.

하루 종일 자신과 마주 서는 시간이 전혀 없는 생활을 할 수 있다. 텔레비전만 보며 시간을 죽이는 것이 그 전형적인 예다. 텔레비전의 오락 프로그램을 보고 있으면 자신과 마주 설 필요 가 없다. 또 텔레비전이 그런 시간을 주지도 않는다. 자신과 마 주 서는 것을 주제로 한 방송 프로그램은 드물게 마련이다. 텔 레비전은 외부적인 문제에 흥미를 환기시키는 힘은 있지만 자 신과 마주 서는 시간은 만들어주기 힘든 매체다.

텔레비전의 시청 시간은 방송 프로그램을 제작하는 측이 관 리한다. 그들은 어떤 템포로 어떻게 정보를 내보내면 시청자들 이 지루해하지 않는지 계산하면서 시간의 흐름을 만든다. 독서의 경우 독서의 속도를 결정하는 것은 주로 독자다. 도중에 쉬어도 되고 빠른 속도로 읽어나가도 된다. 독서 시간은 독자가 조정하는 것이다.

책의 묘미는 한 명의 저자가 직접 정리한 생각을 말하되 그 말이 저자의 몸과 분리되어 있는 점에 있다. 가령 옛사람의 시를 읽는다고 하자. 시인의 몸은 이미 이 세상에 없다. 하지만 말은 남아 있다. 멋진 표현이 몇 백 년이란 시간을 넘어 감정의 굴곡을 전달하며 가슴에 다가온다.

외국 저자의 경우 그런 느낌이 한층 강하다. 나는 괴테를 좋아하는데 그를 마치 삼촌처럼 느낀다. 하지만 괴테와 나는 시공간적으로 멀리 떨어져 있다. 내가 적극적으로 책을 읽지 않으면 괴테가 찾아와주는 일은 없다. 내가 찾아가서 얘기를 들을 수밖에 없다. 괴테의 집 '대문을 두드리는' 자세가 아니면 만남은 이루어지지 않는다.

시공간적으로 떨어져 있는 사람과 만나는 일은 일반적인 커뮤니케이션과는 다른 즐거운 긴장감을 맛보게 해준다.

책은
스스로 선택하라

나는 대학 연구실 문 앞에 "혼자 문을 두드리라."는 말을 내걸었다. 요컨대 무리지어 오지 말라는 뜻인데 사실 혼자가 되는 것은 의외로 어렵다. 그런데 독서가 몸에 밴 사람은 쉽게 혼자가 된다. 자신의 세계를 갖고 있기 때문이다. 독서는 원래 저자와 일대일로 마주 선 공간에서 이루어진다. 여러 명이 모여 함께 책을 읽는 경우도 있지만 현대의 독서는 혼자 하는 것이 기본이다.

뛰어난 학문의 선구자에게 스스로 찾아가서 문을 두드리고 그 이야기에 귀를 기울여야 한다. 이런 훈련이 독서를 통해 이루어진다. 친구들과 함께 수업을 듣는 소극적인 자세로는 아무리 지식을 흡수해도 꽃피우기 힘들다. 혼자 뚜벅뚜벅 걸어가서 문을 두드리고 청해 듣는 말이어야만 몸속 깊숙이 파고드는 법이다.

"서점에 가서 주머니를 털어 책을 사라."고 당부한다. 자신이 직접 제 돈으로 책을 사서 읽어야 그 안에 실려 있는 말이 몸속에 쉽게 스며들기 때문이다. 보통 오랜 생각을 하고 결단한 끝에 책을 사게 마련이다. 서점에 가면 바로 손에 들어오는 책을 도서관에서 빌려 본다면 더 이상 기대할 게 없다. 자신의 지갑을 열어야만 혼자 문을 두드리는 행위로 이어진다. 일대일로 선생과 마주 선 기분이 학습 효과를 높여준다. 그것은 몇 백 명이 있는 교실에서도 마찬가지다.

훌륭한 선생님의 수업을 오직 나만을 위한 것이라고 생각하며 들어라. 물론 다른 학생들과 함께 웃으면서 선생님의 얘기를 듣는 것도 재미있다. 그런 연대감도 소홀히 하지 않았다. 하지만 선생님의 얘기가 진지해지는 시점에서는 일대일 승부다. 이기고 지는 승부가 아니라 '진검 승부'를 할 때의 긴장감을 갖고 얘기를 듣는다는 뜻이다.

책을 읽을 때도 혼자 문을 두드리고 선생님의 얘기를 듣는다는 마음이 기본적으로 있다. 나는 책에 밑줄을 긋고 메모도 한다. 아무리 새 책이라도. 책을 보물처럼 아끼는 유형은 아님에도 책을 밟는 것에는 거부감이 든다. 책을 베개 삼아 자면 책의 내용이 머리에 들어오는 느낌이 들기에 별 생각 없이 머리에 괴고 자는 경우는 있다. 온갖 것들이 너저분하게 널려 있는 방에서 잡지를 밟는 일은 있어도 책을 밟지는 못한다. 책에는 잡지에는 없는 저자의 생명과 존엄이 담겨 있는 듯 느껴지기 때문이다.

책은 물건일 뿐이라는 생각도 물론 갖고 있다. 하지만 책을 저자 그 자체라고 생각하는 마음은 그 책의 효과를 한층 높여준다. 그 저자와 일대일로 지낸 시간은 내 삶의 귀중한 부분이 되어준다. 독서는 뛰어난 사람과 만나는 경험을 쌓아준다.

■ 수많은 표현을 가지면, 생각도 커진다

지극히 당연한 일일지 모르지만 생각하는 행위는 언어로 이루어진다. 혼자서 생각에 잠겨 있을 때도 기본적으로 언어로 생각한다. 알고 있는 단어의 종류가 적으면 자연스럽게 사고는 협소해질 수밖에 없다. 사고를 지탱하는 것은 풍부한 어휘력이다.

말할 때 쓰는 표현은 한정되어 있다. 일상생활에 어려운 단어는 필요 없다. 하지만 그런 생활 속의 언어만으로 생각을 하면 아무래도 사고 자체가 단순해진다. 표현이 단순해지면 생각도 단순해지고 마는 것이다. 반대로 다양한 표현을 알고 있으면 감정이나 사고 자체가 복잡해지고 치밀해진다. 이것이 글자의 효용이다. 글에는 말에는 없는 다양성이 있다.

수많은 표현을 알기 위해서는 독서가 가장 좋은 방법이다. "왜 독서가 좋은가?"라는 물음에 "다양한 표현을 익힐 수 있어서"라는 대답은 단순한 듯싶지만 정확한 대답이다.

자신의 책장을 지니는 기쁨

얼마 전에 "자신을 찾자."는 말이 유행했었다. 하지만 내게는 "자신을 만들자."는 말이 더 와 닿는다. 세상 어딘가로 자신을 찾으러 가는 것보다는 경험을 쌓아올리는 모습이 나의 이미지와 가깝다. 물론 두 표현이 말하고자 하는 바에는 공통점이 있다. 바로 만남이 사람을 만든다는 점이다.

자아를 혼자서 만들 수는 없다. 자아는 다른 사람과의 관계 속에서 만들어가는 것이다. '유일하고 절대적인 자아'가 원래부터 존재하는 것이 아니라 관계의 그물망 속에서 다양한 측면이 형성되어간다. 소설과 영화로 크게 인기를 끌었던 〈양들의 침묵〉의 모델이 된 수사관이 《살인자들과의 인터뷰》라는 책을 썼다. 그 책은 엽기적인 살인자들의 본모습을 파헤친 수기다. 그런데 그 책에 따르면 그런 살인자들에게는 다른 사람과 관계를 형성하지 못했다는 공통점이 있었다고 한다. 그들이 다른 사람과 좋은 관계를 구축할 수 있었다면 그렇게 엽기적인 살인을 저지르지는 않았을 것이라고 저자 레슬러는 말한다.

독서는 지성을 갈고닦고 정감을 풍부하게 하는 동시에 뛰어난 사람들을 자신의 내면에 살게 한다. 정보를 손에 넣는 것만이 독서의 목적이 아니다.

함께 호흡하는 사람들의 가치관을 내면 깊숙이 받아들여 자신의 폭을 넓혀가야 한다. 또한 딱딱하게 굳은 협소한 생각에서 벗어나 훌륭한 사람의 가치관을 다양하게 수용해야 한다. 그런 작업을 꾸준히 해나가면 현 사회의 상식과 단절된 고립적인 공상에 빠지는 일을 방지할 수 있다. 물론 책 중에는 범죄로 이어질 수 있는 공상을 불러일으키는 것도 있다. 그런 의미에서 책에 전혀 독이 없다고는 단정할 수 없다. 자살이나 살인 방법까지 적혀 있는 책이 시중에 나돌고 있는 형편이다. 하지만 여기서 강조하고 싶은 독서는 그런 책을 읽는 것이 아니다. 충분히 폭넓게 독서를 하다 보면 그런 책을 절대시하는 일이 적어지게 마련이다.

그래서 종류가 다른 다양한 책을 광범위하게 읽어나가는 것이 중요하다. 책장을 보면 그 사람을 알 수 있다는 말이 있다. 그 사람에게 직접 생각을 듣지 않더라도 지금까지 읽어온 책을 살펴보기만 하면 대강 짐작할 수 있다. 친구를 보면 그 사람을 알 수 있다는 말과 일맥상통한다.

자신의 책장을 꾸미는 일은 즐겁기 그지없다. 자신의 세계가 확대되는 모습이 손바닥을 들여다보듯 보이기 때문이다. 좋아

독서는 혼자 하는 듯싶지만 결코 혼자 하는 것이 아니라
는 데 그 위대함이 있다. 독서는 책을 쓴 사람과 함께하
는 둘만의 시간이다. 뛰어난 인물이 공들여 만들어 낸 문
장을 혼자 음미하는 시간. 독서를 좋아하는 사람은 혼자
책 읽는 시간의 풍요로움을 잘 안다.

하는 음반을 CD수납장에 진열하는 기쁨은 수많은 사람들이 익히 알고 있다. 그런데 자신의 책장을 갖고 있지 않은 사람은 꽤 많다. 여기서 책장이란 길이가 1미터쯤 되고 높이가 6단쯤 되는 책꽂이를 의미한다. 4인 가족이라면 적어도 네 개의 큰 책장이 제각각 있어야 한다.

지금까지 읽어온 책을 훑어보는 일은 굉장한 기쁨을 안겨준다. 과거의 자신과 현재의 자신이 책장을 통해 연결된다. 책장에는 자신이 거쳐온 독서의 시간이 켜켜이 쌓여 있다. 뛰어난 저자와의 만남이 지금까지 살아온 인생의 의미를 일깨워준다.

위대한 저자의 책을 읽는 자신을 보면 긍정하는 마음이 일어난다. 자신을 긍정하는 마음은 자신의 자아와 마주 섰을 때보다는 뭔가 멋진 것을 좇을 때 더 쉽게 느낄 수 있다. 예를 들면 좋아하는 음악을 들을 때가 그렇다. 그런데 독서는 한층 적극적으로 에너지를 쏟아 부어야 하는 행위다. 그렇게 만난 인물과의 시간은 고생 끝에 얻은 것인 만큼 높은 만족감을 안겨준다.

책은 한 권보다는 여러 권일 때 위력이 강해진다. 나는 고등학교 때 침대 머리맡의 선반에 책이 한 권씩 늘어나는 모습을 보는 것을 좋아했다. 그때는 아직 책장을 갖기 전으로 내 책을 북엔드에 한 권씩 끼워 넣는 단계였다. 그때는 책은 반드시 끝까지 읽어야 한다는 생각이 확고했기에 끝까지 다 읽었다는 만족감이 한 권 한 권에 담겨 있어 책을 바라보기만 해도 사랑스러웠다.

조용히 지나쳐 흔적도 없이 사라지는 모래 같은 시간이 책이란 형태로 그곳에 남아 있고 쌓여 있었다. 그런 안정감이 기쁘기 한량없었다.

▌꼬리를 물고 변화해가는 독서

책은 책을 부른다. 한 권을 읽으면 다음에 읽고 싶은 책이 생긴다. 그것이 독서의 묘미다. 고등학교 때 나쓰메 소세키의 《산시로》를 읽었다. 그러자 《산시로》에 이어 3부작이라고 일컬어지는 《그 후》와 《문》도 읽고 싶어졌다. 주인공의 이름은 달랐지만 왠지 연속성이 느껴졌다.

한 평론가는 전집을 읽기를 권했다.

"예를 들어 톨스토이 전집에는 좋은 것도 나쁜 것도 있게 마련이다. 하지만 그런 것을 전부 읽었을 때 톨스토이라는 인간의 전체상이 자신 안에 들어온다. '글이 곧 그 사람'이라는 말은 바로 그런 뜻이다."

대략적으로 이런 문장이었던 것 같다.

한 저자의 책만을 탐독하다 보면 낭비가 많은 듯싶지만 실은 그 저자를 자신의 내면에 깊이 끌어들일 수 있게 된다. 사진의 경우 얼굴을 여러 각도에서 찍는 것이 한 각도에서 찍는 것보다 실제 얼굴의 이미지에 가까워지는 법이다. 책도 한 저자의 책을 여러 권 읽어나가면 그의 인격이나 생각이 내면으로 스며들어 온다. 그렇게 되면 책을 읽을 때 마치 스승의 얘기를 듣는 것 같은 느낌이 든다.

자신이 존경하는 저자가 권하는 책은 자연스럽게 읽고 싶은 마음이 들게 마련이다. 아무 인연도 없는 책을 읽는 일은 고통스럽다. 하지만 자신이 좋아하는 책 속에 슬쩍 얼굴을 내민 책은 이미 인연이 엮어진 것이다.

한 사람의 저자가 계기가 되어 책의 그물망이 점점 확대되어 간다. 책에 대한 관심도 미묘하게 변화가 일어나면서 넓어진다. 이것이 세계관을 형성하는 데 도움이 된다. 한 명의 저자만을 편애해서는 세계관을 형성하는 데 한계가 있다.

자연스럽게 관심 분야를 바꿔가면서 확장시키는 것이 자아를 만드는 독서의 요령이다.

책장을
바라보는 것도 독서다

책은 내용이 중요하다는 사람이 많을 것이다. 하지만 무엇보다 책꽂이에 꽂혀 있는 책의 모양새가 중요하다는 사람도 있다.

책장에 책이 빼곡히 꽂혀 있다. 그중에는 아직 잡아보지 않은 책도 섞여 있다. 하지만 그 모양새만 눈에 들어와도 자극이 된다. 설사 아직 읽지 않은 책이라도 구입해서 책장에 진열해두고 있을 정도니 어떤 책인지는 알고 있을 것이다. 책장 속에 책이란 형태로 저자가 존재하고 있는 듯한 느낌이 들 것이다.

특히 전집은 눈에 확 들어온다. 전집을 첫 권에서부터 마지막 권까지 죄다 읽은 사람은 거의 없다. 하지만 전집을 갖고 있다는 데 의미가 있다.

전집은 꽤 넓은 공간을 차지하고 존재감을 과시한다. 가령 내 책장을 들여다보면 미야자와 겐지宮澤賢治, 프로이트, 괴테, 니체, 발레리, 셰익스피어가 좁은 방 안에서 비상식적이라고 할 수 있을 정도로 공간을 차지하며 나를 압박하고 있다. 마치 자신들을 잊고서는 제대로 일을 할 수 없을 것이라는 듯이 존재감을 과시하고 있다. 늘 의식하고 있는 것은 아니지만 멍하니 벽을 보고 있으면(벽이 모두 책장으로 뒤덮여 있기 때문에) 책장이 자연스럽게 눈에 들어온다.

책은 빌려 보는 것이 아니라 사서 읽는 것이라는 신념은 이 책장에 꽂혀 있는 책에 근거한다. 모처럼 읽었어도 책이 없으면 그 경험을 돌이켜보기 어렵다. 책을 읽은 행위 자체를 떠올리기 어렵게 된다. 두뇌를 늘 활성화시키기는 힘든 법이다. 그런 점에서 책장을 바라보면서 생각의 긴장을 높이는 것도 나쁘지 않은 방법이다. 읽은 책이든 읽지 않은 책이든 방에 오랫동안 놓아두면 자신의 책이 된다. 책장이 자신의 세계를 안내하는 지도가 되어준다.

따라서 책을 이중으로 진열하는 것은 권할 만한 방법이 아니지만 나는 도저히 방법이 없어 책을 이중으로 꽂아둔다. 하지만 큰 단행본은 뒤에, 작은 문고본은 앞에 꽂는 식으로 고심을 많이 한다. 이것은 '일부러 찾아야 눈에 들어오는' 것과 '자연스럽게 눈에 들어오는' 것이 큰 차이가 있기 때문이다.

"영감이 생긴다."는 말은 아이디어나 창의적인 생각이 우러나온다는 뜻이다. 책장을 멍하니 바라보고 있을 때 문득 어떤 생각이 떠오르기도 한다. 책장에서 받는 영감은 의식적으로 찾을 때는 얻을 수 없는 것이다.

책이 보기 좋게 나열된 책장을 감상하기 위해서라도 책은 빌리지 말고 사서 읽어야 한다.

■ 책은
진열 방법이 중요하다

책을 꽂는 방법을 소홀히 해서는 안 된다. 나는 책을 정돈하는 일을 좋아한다. 읽은 순서로 꽂는 것도 나쁘지 않지만 책과 책의 관계를 스스로 결정해서 진열하면 한층 더 즐거운 작업이 된다.

정리 정돈만이 목적이 아니기 때문에 장르별로 책을 나누는 방법이 꼭 좋다고는 할 수 없다. 오히려 나는 다른 장르의 책을 내적 연결 관계에 따라 늘어세우는 편을 좋아한다. 가령 스피드 스케이팅 선수인 시미즈 히로야스의 말을 엮은 《신의 육체 시미즈 히로야스》는 괴테의 말이 실려 있는 에커만의 《괴테와의 대화》 옆에 놓아둔다. 괴테가 말하고 있는 '숙달론'이 시미즈의 말과 통하는 구석이 있기 때문이다.

단순히 책의 내용뿐만 아니라 자신과의 거리감을 기준으로 진열하는 것도 즐거운 일이다. 자신이 그 저자와 어떤 관계에 있는지를 생각해보면 분류 방식이 변하게 된다. 예를 들면 프로이트와 융은 정신분석이란 커다란 흐름 속에서는 같은 그룹에 넣게 된다. 하지만 두 사람의 유형이나 스타일은 상당히 다르다. 두 사람을 똑같이 좋아하는 사람이 오히려 적을 것이다. 융의 주변에는 프로이트가 아니라 고대 신화나 연금술 책을 두는 편이 안정감이 있다.

정신의학자인 나카이 히사오는 일본을 대표하는 독서인이자 교양인으로 멋진 수필을 많이 썼다. 그는 이런 글을 남겼다.

얼마 전 내 책의 대부분은 상자 속에 들어가 있었다. 책장에 약 3분의 1을 꽂고 나면 번번이 꽂지 못한 소중한 책들이 상자에 남는다. 부임 6년이 지나자 나의 뿌리는 바싹 말라가고 있었다. 프로이트의 저작 옆에는 융도, 아들러도 아닌 아브라함이 있지 않으면 마음이 불안하다. 이사할 때 파일 캐비닛은 무사했지만 책들은 뒤죽박죽 뒤섞이고 말았다. 그런데 내게는 책이 꽂힌 순서가 90퍼센트다.

내가 하고 싶은 말은 책을 꼼꼼하게 정리하자는 것이 아니라 '계보'를 분명히 해두자는 것이다. 계보란 책과 책 사이의 혈통과 같다. 저자끼리 직접적인 관련이 있는지는 특별히 신경 쓰지 않는다. 독자인 내 관점에서 보았을 때 이 저자와 저 저자는 스타일이 비슷하다고 느끼면 그것을 하나의 계보로 보는 것이다.

　책과 책을 연결시켜 생각하는 습관은 독서력을 한층 높여준다. 읽는 책의 폭을 넓혀주고 책의 내용이 머릿속에 각인되기 쉽다. 고립된 것은 기억하기 어렵다. 기억은 관계나 연상 속에서 강화된다. 이런 점을 바탕으로 책을 선택하면 기대가 빗나가는 일이 적다.

　설령 아무것도 모르는 사람이 보면 뒤죽박죽으로 배열된 듯이 보일지라도 당사자에게는 여러 책이 이어져 있는 것이라면 그 책장은 그 사람의 세계관을 나타낸다. 서점의 진열 방식과는 다른 자신만의 진열 방식을 만들어가는 작업은 즐겁다.

■ 도서관에서 지식의 지도를 살펴보자

도서관도 효용 가치가 크다. 무엇보다도 지도를 만들 수 있다. 도서관에는 실로 다양한 책들이 진열되어 있다. 게다가 효율적으로 분류되어 있다. 형식을 중시한 분류일지 모르지만 초심자는 책의 세계가 어떻게 구성되어 있는지 파악하기 쉽다.

　나는 지금도 초등학교 도서관의 책장이나 대학 도서관의 책

서점에 가서 주머니를 털어 책을 사보라. 그렇게 산 책은 훨씬 더 몰입이 잘 된다. 자신이 직접 제 돈으로 책을 사서 읽어야 그 안에 실린 말이 몸속에 쉽게 스며들기 때문이다.

장을 생생하게 떠올릴 수 있다. 설사 빌려서 읽은 적은 없더라
도 책장의 배치는 기억하고 있다. 손으로 집어 펼쳐보는 것만으
로도 책과 친숙해지게 마련이다. 이렇게 도서관에서는 책장의
위치를 기억하고 자신의 마음속에 심어놓는 작업을 할 수 있다.

저자의 이름을 아는 것만으로도 큰 효과가 있다. 무엇보다도
자기보다 교양이나 지식이 높은 사람과 대화를 나누기 쉬워진
다. 가령 하이데거나 후설, 메를로퐁티라는 철학자에 대해 깊이
알려면 시간이 걸린다. 그런데 그들의 사상에 대해 자세히 알고
있는 사람에게 얘기를 들으면 의외로 머릿속에 쏙 들어오곤 한
다. 그런 학식이 높은 사람들에게 얘기를 듣기 위해서라도 저자
의 이름과 대표작 정도는 알고 있어야 한다. 이름도 모르는 사
람에게 정성 들여 설명해주는 사람은 교사뿐이다. 이름이 나왔
을 때 "아, 그 사람 말이죠."라고 맞장구만 쳐도 상대방은 얘기
보따리를 풀어놓고 싶어진다.

나는 2주간 파리를 관광한 적이 있다. 도쿄에서는 종종 길을
헤매는 주제에 파리에서는 길을 몰라 고생한 경우가 그리 없었
다. 그것은 처음부터 안내소에 가서 파리 지도를 얻어 늘 주머
니에 넣고 다니면서 머릿속에 기억해두었기 때문이다. 모르는
곳이기 때문에 방심하지 않고 지도를 머릿속에 그려놓은 것이

다. 지도를 들고 우선 에펠탑에 올라가 대략적으로 공간적인 구성을 파악했다. 그와 동시에 지하철 노선을 확인했다. 게다가 파리는 작은 골목길에도 확실하게 이름이 붙어 있었다. 53번지와 같은 기계적인 이름이 아니라 사람 이름처럼 외우기 쉬운 이름이었다. 이런 지도를 머릿속에 그릴 수만 있다면 어디를 가도 안심하고 거침없이 돌아다닐 수 있다.

지적인 세계도 마찬가지다. 파리 지도를 구하는 일과 도서관의 책장을 파악하는 일은 같은 작업이다. 여기저기 돌아다니면서 때때로 손에 들고 보는 것만으로도 서서히 지적 세계의 지도를 그려갈 수 있다.

그리고 일반 서점과는 달리 도서관에는 절판되어 판매되지 않는 책도 만날 수 있다. 현재 출판업계에서는 책이 상당히 빨리 절판되는 추세다. 대형 출판사의 장편 시리즈물 중에도 절판된 것이 많다. 그런데 헌책방이나 도서관에서는 절판된 책을 볼 수 있다는 이점이 있다.

이 지적 세계의 지도를 그리는 일은 고등학교 말부터 대학 1, 2학년 때까지 해두는 것이 좋다. 그 시기에 책과 친해지면 30대, 40대가 되어 새삼스레 다양한 분야의 책을 읽으려 해도 저항감이 적다.

더불어 책은 사서 보는 것이라고 귀에 못이 박히도록 강조하는 까닭은 독서 문화가 출판 문화와 연결되어 있기 때문이다. 팔리지 않는 책은 아무리 좋아도 품절되고 절판되는 운명에 놓인다. 책의 '좋고 나쁨'과 '팔리고 안 팔리고'는 직접적인 관계가 없다. 훌륭한 책이 잇달아 시중에서 사라지는 판국이다. 독서력이 없는 사람이 늘어나면 내용이 깊고 딱딱한 책은 팔리지 않게 된다. 그러면 그런 책은 절판은커녕 애초에 출판조차 되지 않게 된다.

"설령 읽지 않더라도 책은 사둬야 한다."는 말을 이전에는 자주 들을 수 있었다. 책을 사서 쌓아두기만 해도 공부가 된다는 의미인 동시에 모두가 자신이 읽을 수 있는 이상의 책을 사두어야 출판계가 좋은 책을 낼 수 있다는 의미다.

■ 독서를 통해
경험을 확인하라

'독서는 할 필요가 없다'는 근거로서 책을 읽는 것보다 직접 체험하는 것이 중요하다는 주장이 있다. 책 읽는 습관이 있으면 체험에 나서기가 어렵다는 말일까? 하지만 이것은 근거 없는 주장이다. 체험을 하는 일과 책을 읽는 일은 전혀 모순되지 않는다. 오히려 책을 읽으면 읽을수록 다양한 체험을 하고 싶다는 의욕이 불타오를 수 있다.

예를 들면 《인도 방랑》이라는 책을 읽고 아시아 여행을 꿈꾸는 젊은이가 있다. 책에 이끌려 여행에 나서는 경우는 흔하다. 또는 고고학 책을 읽고 실제 유적 발굴을 도우러 가는 사람도 있다. 독서가 계기가 되어 체험하는 세계가 확대되는 것이다.

더 중요한 것은 독서를 통해 자신이 체험한 일의 의미가 확인된다는 사실이다. 책을 읽고 '자신과 같은 생각을 하는 사람이 또 있었다'는 공감대를 느끼는 경우가 많다. 태어난 곳과 자란 환경이 전혀 다른데도 같은 생각을 지니고 있는 사람을 만나면 자신이 인정받은 듯한 느낌이 든다. 자신이 체험을 통해 어렴풋이 알고 있던 의미가 독서로 분명해지는 경우가 있는 것이다. 나는 독서를 통해 "그게 이런 의미였구나." 하며 절로 고개가 끄덕여지는 경험을 수없이 많이 했다.

'암묵지'라는 표현이 있다. 자신은 좀처럼 의식할 수 없지만 무의식이나 몸으로 알고 있는 지식을 의미한다. 언어로 표현할 수는 없어도 어렴풋이 몸으로 알고 있는 것은 우리 주변에 수없이 많다. 빙산에 비유하면 그런 암묵지가 수면 밑에 잠긴 거대한 부분이고 그 일부가 명확하게 언어화되어 표면에 나와 있다고 하는 편이 진실에 가깝다. 책을 읽으면 이 암묵지의 세계가 분명하게 떠오르게 된다. 말로 표현하기 어려웠던 일이 훌륭한 저자의 표현에 의해 명확하게 언어화된다. 이런 문장을 읽으면 공감을 느끼고 밑줄을 긋고 싶어진다.

'나 혼자만의 경험이 아니었구나' 하는 생각이 삶의 용기를 불어넣어준다. 자신을 만들어가기 위해서는 현재의 자신을 부정하고 한층 더 높은 차원의 자신으로 나아가는 일도 필요하다. 그러나 내 경험으로는 자신을 긍정해주는 사람과 만나면 주저 없이 앞으로 나아갈 수 있었다. 체험 자체가 중요한 것이 아니라 체험의 의미를 확실하게 깨닫고 이를 살려 앞으로의 삶을 꽃피우는 일이 중요하다. 체험의 의미를 마음 깊이 되새기면서 이를 바탕으로 앞으로 나아가야 한다. 그런 삶의 방식에 독서가 도움이 된다. 뛰어난 저자가 자신과 같은 경험이나 의견을 펼쳐놓으면 안심하고 자신을 긍정할 수 있다. 입맛에 맞는 저자만 골라 읽는 것은 좁은 독서 방식으로 여겨질 수 있지만 독서를 처음 시작할 때는 특히 공감을 하며 읽을 수 있는 책이 바람직하다.

책을 읽다 보면 "맞아 맞아, 실은 나도 그렇게 생각하고 있었어."라며 무릎을 탁 치는 경우가 있다. 그런데 대개 그렇게까지 분명하고 구체적으로 생각하고 있었던 경우는 없다. 그저 그 대목을 읽으면서 자신도 그렇게 생각하고 있었다는 느낌을 받는 것뿐이다. 하지만 이런 착각은 해도 좋다. 마치 자신이 쓴 문장처럼 다른 사람의 글을 읽을 수 있다면 그 독서는 행복한 독서다.

나는 '왜 이 저자는 이렇게도 나와 비슷한 감각을 갖고 있는 걸까?' 아니면 '마치 내가 쓴 글 같다'는 느낌까지 받는 일조차 있었다.

자신의 경험과 저자의 경험, 자신의 뇌와 저자의 뇌가 혼재해 있는 듯한 느낌이 바로 독서의 참 맛이다. 이는 결코 자신을 잃어버리는 것이 아니다. 다른 사람과 본질적인 부분을 공유해보는 것이 정체성을 형성하는 데 핵심적인 역할을 한다. 혼자만의 세계에 틀어박혀 그 안에서만 생각이 머문다면 정체성은 형성되지 않는다. 다른 사람과 본질적인 부분을 공유하면서 자신의 일관성을 지녀야 한다. 이것이 자아를 확립하고 정체성을 확인하는 요령이다.

독서는 자신의 경험을 쉽게 확인할 수 있는 행위다. 이미 언어로서 종이 위에 자리 잡고 있는 글은 태어나서 사라지는 체험에 형태를 부여한다. '자신에게 맞는 책을 읽는다'는 독서 방식은 객관적이라고는 할 수 없지만 어느 시기에는 필요한 일이기도 하다. 자기 삶의 방식을 긍정해주는 저자를 찾아 자신에게 용기를 북돋워주는 일은 자아 형성 과정으로 유효하다. 위험한 것은 오직 한 사람에 한정해서 사고가 좁아지는 경우다. 자신의 경험을 확인시켜주는 사람으로서 여러 명의 저자를 알고 있다면 생각도 서서히 넓어진다. 어느 정도 알고 있던 사실이 분명하게 문장으로 표현됨으로써 똑똑히 확인할 수가 있다. 인식을 정착시킬 때 독서로 경험을 확인하는 작업이 의외로 중요한 의미를 지닌다.

■ 고통을 극복하기 위해서도 독서가 필요하다

살아가는 힘은 자신을 긍정하는 데서 나온다. 소년원 관계자의 말에 따르면 소년 범죄를 일으키는 아이들 대부분은 어렸을 때부터 칭찬받은 경험이 별로 없다고 한다. 칭찬을 받는다는 것은 다른 사람이 자신을 긍정해준다는 얘기다. 긍정이 쌓이면 세상을 살아갈 자신감을 갖게 된다.

그것이 삶의 활력이 된다. 자신과 같은 경험과 생각을 지닌 저자와 만남으로써 자신이 긍정될 뿐만 아니라 자신보다 한층 괴로운 경험이 적혀 있는 책을 읽으면서 차분하게 자신을 다시 바라볼 수도 있다.

가령 실연이나 사별, 또는 낙방 등 괴로운 경험을 했다고 하자. 그와 같은 경험을 한층 더 비참하게 겪은 사람의 책을 읽으면 자신의 경험 따위는 대수롭지 않은 일이라고 위안받게 된다. 자신의 경험을 유일하고 절대적인 것으로 생각하는 마음에서 벗어날 수 있다.

"왜 이리 나만 비참하게 살아가는 걸까? 다른 사람들은 이런 나의 처지를 절대 모를 거야." 주변의 좁은 세계만 보고 이렇게 단정 지으면 정신적으로 쫓기게 된다. 자신보다 훨씬 고달픈 운명에 처해 있으면서도 이를 극복하는 사람이 있다는 사실을 아는 것만으로도 활력이 솟구친다.

다소 극단적인 예를 들면 나는 빅터 프랭클의 《밤과 안개》를 읽었을 때는 지금까지의 괴로운 경험이 모두 날아가버리는 느낌이 들었다. 이 책은 유대인이란 이유만으로 강제수용소에 끌려가 죽음 직전에까지 몰렸던 프랭클이 희망을 잃지 않고 삶의 의미와 활력을 찾는 모습을 기록하고 있다. 그런 극단적인 상황에 비하면 내 불행이나 불운은 하찮을 뿐이라는 생각이 들었다.

책은 책을 부른다. 한 권을 읽으면 다음에 읽고 싶은 책
이 생긴다. 그것이 독서가 부리는 마법이다.

단순하게 위로받거나 우월감을 느끼는 것이 아니다. 오히려 그들의 극한 경험 속에 내 경험을 용해시켜 그 의미를 승화시키는 것이다. 내가 수용소에 들어가지도 않았지만 그런 비참한 기억의 조각을 내 몸속에 간직하는 것이다.

책을 멀리하는 사람에게서는 자신의 체험이나 경험을 절대적인 근거로 인식하는 경향을 종종 볼 수 있다. 이렇게 자신의 체험을 절대시하는 경향은 편협한 생각을 낳는다.

직접 경험하지 않은 일이라도 우리는 살아가는 힘으로 삼을 수 있다.

조금이라도 공통된 경험이 있다면 상상력을 빌려 한결 큰 경험의 세계로 자신을 인도할 수 있다. 독서는 자신의 좁은 세계에 틀어박혀 옹고집이 되거나 자신의 불행에 마음을 모두 빼앗기는, 그런 편협한 사고에서 벗어나게 해주는 강력한 힘을 갖고 있다.

■ 이처럼 다양한 인간을 만날 수 있는 곳은 없다

독서는 인간의 폭을 확장시켜주고 그릇을 키워준다. 그것은 뛰어난 사람들을 자신의 마음속에 수없이 간직하고 있다는 얘기가 된다. 아니, 뛰어난 사람들뿐만이 아니다.

도스토옙스키의 장편소설에 나오는, 터무니없을 정도로 소심한 사람이나 거짓말쟁이, 히스테리를 부리거나 호색한 사람 등 극단적인 인물을 알아가는 것도 독서의 커다란 즐거움 중 하나다. 책에 등장하는 다양한 사람들은 캐릭터가 분명하다. 그들은 극단적이라는 생각이 들 만큼 뚜렷한 자신만의 방식을 갖고 있다. 일상에서 만나는 사람들은 그에 비하면 평범해 보인다. 그만큼 소설이나 전기에서 그려지는 인물상은 강렬하다.

독서는 커뮤니케이션 능력을 길러준다. 이것은 4부의 주제이지만 인간의 극단적인 삶의 방식을 독서를 통해 알아두는 것도 커뮤니케이션의 폭을 넓혀준다. 대개 사람들은 자신과 비슷한 사람을 주로 만나게 마련이다. 그것이 부담이 적기 때문이다. 하지만 삶의 묘미는 자신과 다른 사람을 만났을 때 다채롭게 우러나온다. 현실에서는 음미할 수 없는, 강렬한 인간과 교제하는 묘미를 책의 세계에서는 맛볼 수 있다.

책에 등장하는 인간은 아무리 강렬하다고 해도 직접 위해를 가할 수는 없다. 그래서 여유롭게 대할 수가 있는 것이다. 그런 강렬한 인물 유형이 마음속에 하나둘 생성되어가면 현실 속의 인간은 그 유형의 조합으로 쉽게 이해할 수 있다. 그만큼 폭넓게 인물상을 받아들일 수 있게 된다.

독서를 통해 다양한 인간상을 받아들이는 즐거움이 있다. 세계를 극장으로 인식하고 다양한 인간상을 음미하려면 이를 가능하게 해줄 미각이 필요하다. 현실에서 만나면 이상하거나 싫거나 고약한 사람으로 인식될 상대라도 능숙하게 묘사된 글로 만나면 그를 음미하는 방법을 알게 된다.

내면을 바라봄으로써 자신을 만들어갈 수 있겠지만 만남에 의해서 형성되는 부분도 있다. 다양하고 강렬한 만남일수록 깊이 있고 포용력 있는 사람으로 만들어준다. 현실에서는 강렬한 인물과 만나면 지나치게 깊숙이 빠져드는 경우가 있다. 하지만 깊숙이 빠지더라도 금방 빠져나와 자신을 한층 더 성숙시킬 수 있는 기회로 삼을 수 있다면 별 문제는 없다. 그런 강인함을 몸에 지니기 위해서는 독서를 통해 이미지트레이닝을 해두는 것이 좋다.

독서를 통해 다양한 인간상을 미리 알아두면 현실에서의 관계가 매끄러워진다. 자신과 다른 감성이나 사고방식을 지닌 사람과 만나도 대뜸 거부하는 것이 아니라 여유롭게 사귈 수 있는 포용력을 갖출 수 있다. 이런 바탕을 독서를 통해 기를 수 있는 것이다.

이 세상을 무대로 생각하고 세상 사람들을 배우로 여기는 관점을 '기술'로서 익히면 인간을 깊이 음미할 수 있게 된다.

■ 독서 자체가
■ 체험이 되는 독서

체험과 독서를 대립적인 관계로 보고 체험의 중요성을 강조하는 입장에 대해 앞에서 반론을 제기했다. 체험 지상주의는 경험의 세계를 좁게 만든다. 실제로 체험을 하기 전에 책을 읽음으로써 체험의 질이 낮아지기는커녕 오히려 높아진다. 선입견 없이 사물을 대하자는 말은 듣기는 좋지만 지식이 얄팍한 상태로는 사물의 본질을 제대로 파악하지 못하는 경우가 많다.

음악이나 그림 또는 자연을 감상할 때도 독서는 유익하다. 가령 회화에 관해 아무 지식도 없는 사람이 그림을 보러 가면 무엇을 어떻게 감상해야 할지 알 수 없게 마련이다. 타고난 감각만으로 모든 것을 파악할 수 있을 정도로 예술의 역사는 짧지 않다. 역사를 등에 지고 작업을 하는 예술가라면 그 작품의 의미를 책을 통해 이해해둠으로써 감상할 때 도움을 받을 수 있다.

독서와 체험의 관계는 이 정도 선에서 그치지 않는다. 여기서 강조하고 싶은 점은 독서 자체가 유익한 체험이 되는, 그런 독서가 있다는 사실이다.

10대 후반에 로맹 롤랑의 《장 크리스토프》나 도스토옙스키의 《카라마조프 가의 형제들》을 읽었던 시간은 그 자체가 분명한 체험이 되어 내 기억에 각인되어 있다. 둘 다 상당히 긴 소설이기 때문에 하루에 꽤 많은 시간을 꾸준히 들이지 않으면 다 읽을 수가 없었다.

《장 크리스토프》는 자기 전에 침대에서 읽었다. 하루에 50페이지가량만 읽기로 했기 때문에 한 달이 지나도 전부 읽지 못했다. "도대체 얼마나 더 이어지는 걸까?" 나는 궁금해하면서도 천천히 내용을 음미했다. 어느 정도 읽었을 때는 다 읽는 것이 애석하여 일부러 쉬엄쉬엄 읽을 정도였다. 일상 속에서 일정한 시간을 쪼개 책을 읽으면 독서 자체가 습관으로 정착된다. 하루에 책 한 권을 읽어재끼는 강렬한 독서 또한 유익한 체험이지만 내게는 매일매일 습관처럼 장편을 조금씩 읽었을 경우 나중에 의미 깊은 체험으로서 가슴에 와 닿았던 것 같다. 그 무렵에는 그 책을 읽었지 하며 회상에 잠기게 된다.

《장 크리스토프》가 '빌둥스 로망'(자아 형성 소설)이라는 사실도 독서가 체험이란 생각을 강화시키는 데 일조했을지 모른다. 태어나서 죽을 때까지 파란만장했던 주인공 장 크리스토프의 운명을 내가 함께한 듯한 느낌이 들었다. 독서 시간이 길면 소설의 세계로 깊이 들어가는 데 도움이 된다. 장편은 처음 들어갈 때는 마음이 무겁지만 일단 빠져들면 나가기가 애석한, 그런 세계다.

책은 그 책을 읽었을 때의 시간과 함께 존재한다. 가끔 밖에서 책을 읽어보면 주위 풍경과 더불어 내용이 기억되고는 한다. 《장 크리스토프》가 자취방에서 혼자 잠들기 전의 시간과 함께했다면, 《카라마조프 가의 형제들》은 여름 바람, 따사로운 햇살과 함께였다. 러시아 소설을 읽는 환경으로는 어울리지 않았지만 소나기에 촉촉이 젖은 땅과 풀 냄새가 바람에 실려 오는 그 여름의 기억과 함께 알료샤 카라마조프는 내 마음속에 있다.

책을 읽을 때는 가끔 장소를 바꿔보는 것도 의미가 있다. 특히 밖에서 읽는 책은 훗날 돌아보았을 때 즐거운 체험으로 기억되곤 한다.

여행을 할 때는 그 지역과 인연이 있는 작가의 작품을 읽는다. 문학이나 사상은 그 저자가 태어나서 자란 지역과 관계가 깊다. 따라서 직접 그 지역에 가서 읽으면 작품의 밑바탕에 흐르는 독특한 감각을 느낄 수 있다. 책의 세계는 현실과 분리된 독자적인 세계라 할 수 있지만 적극적으로 현실과 연결시켜가며 책을 읽으면 독서 또한 쉽게 체험이 된다.

독서가 체험이 되어 몸과 마음에 오래도록 기억되게 하려면 어느 정도 지속적으로 책을 읽어 당시의 생활과 함께 떠올릴 수 있어야 한다.

내가 20대일 때 무라카미 하루키의 《바람의 노래를 들어라》나 《양을 쫓는 모험》 등이 유행했다. 무라카미 하루키의 소설 중에는 남자 주인공이 혼자서 맥주를 마시는 장면이 자주 나오기에 하루는 나도 그만 맥주를 마시고 싶어졌다. 조금 분위기 있는 (하지만 싸구려인) 바에서 무라카미 하루키의 소설을 읽는 것은 기분 좋게 밤을 지내는 방법이었다. 하지만 나와 똑같은 행동을 하는 사람을 발견하면 낯이 뜨거웠다.

이 책을 읽을 때는 이런 곳에서 읽어야겠다고 정해놓으면 독서가 몸소 겪은 체험이 되어 내용과 감동이 몸과 마음에 쉽게 새겨진다.

음악과 함께 읽는 경우에도 기억에 쉽게 남는다. 나는 로맹 롤랑의 《베토벤의 생애》를 읽을 때는 반드시 베토벤 교향곡 5번이나 9번을 틀어놓았다. 그러면 더욱 생동감이 느껴졌다. 이렇게 직접적인 관계가 없더라도 나름대로 책에 주제가를 설정해두는 것이 좋다. 나중에 그 곡을 어딘가에서 들으면 그 책을 떠올리게 된다.

독서인이나 독서 생활이란 말은 이제 좀처럼 들을 수 없게 되었는데 어떻게 하느냐에 따라 독서가 소중한 체험이 된다는 사실을 여기서 확인해두고 싶다.

■ 위인전을 왜 읽는가

자아를 형성하는 독서라는 점에서 위인전에 대해 말하고 싶다. 초등학생이라면 누구나 위인전을 읽는다고 생각했는데 요즘에는 그렇지도 않은 모양이다.

예전에는 초등학생들에게 위인전의 인기가 높았다. 슈바이처나 세균학자 노구치 히데요는 물론이고 숱한 인물들에 관한 책을 나는 으레 초등학교 도서관에서 빌려 읽었다.

위인전은 어린 학생들을 영웅주의에 빠지게 하는 입신출세담에 불과하므로 강제로 읽히는 것은 바람직하지 않다는 주장도 있다. 분명 위인이라 불리는 이들은 일반적인 사람이 아니다. 재

자신의 경험과 저자의 경험, 자신의 뇌와 저자의 뇌가 혼재해 있는 듯한 느낌이 바로 독서의 진짜 재미다. 다른 사람과 본질적인 부분을 공유하면서 자신의 일관성을 지니는 것, 이것이 정체성을 형성하는 요령이다.

능이나 에너지가 특출하다. 그런 사람들과 같은 삶의 방식을 추구하는 삶을 행복하다고 할 수 없을지도 모른다. 하지만 현실적으로 사람들이 위인전을 읽었다고 해서 모두가 위인이 되는 것은 아니다. 동경심은 보통 사람들에게 활력소가 된다. 마이클 조던의 경기를 보고 농구를 시작하는 소년이나 마라도나나 지단의 경기를 보고 축구에 몰두하는 소년이 있다는 점을 생각하면 영웅들은 현실에 영향을 미치는 존재라고 할 수 있다.

아이를 키우는 입장이 되어보니 아이들에게 올바른 윤리관을 지니게 하는 것이 의외로 어렵다는 사실을 절감하게 된다. 위인전은 윤리관을 형성하는 데 특히 중요한 역할을 담당하고 있다.

혼자만의 행복이 아니라 주위 사람의, 경우에 따라서는 전 인류의 행복을 위해 자신의 인생을 내던지는 삶의 방식을 지금의 아이들은 자연스럽게 접할 수 없다. 게임이나 텔레비전을 통해서는 도저히 배울 수 없는 삶이다. 꼭 자기희생적인 내용의 책을 읽으라는 얘기가 아니라 나름의 윤리관을 기를 수 있는 위인전을 읽으라는 의미다.

단정할 수는 없지만 초등학교 때 다양한 위인전을 읽어두면 실보다는 득이 많다. 물론 위인전 특유의 분위기와 맞지 않는 아이도 개중에는 있을 수 있다. 하지만 그것은 소수다. 종교나

도덕 교육이 얄팍해진 현실에서 올바른 길을 추구한 인물들을 한번쯤 마음속에 심어두는 것도 의미 있는 일이 아닐까?

독서를 통해 방황하라

독서를 통해 그 책의 내용을 확신하는 것만으로는 완전한 자신을 만들어갈 수 없다. 오히려 책을 읽고 혼란을 느끼거나 그런 혼란을 내면에 담아두는 방법을 익혔을 때 자신을 형성할 수 있는 것이다.

세상에는 다양한 책들이 있다. 인상적인 저자도 한두 명이 아니다. 서점 앞에는 정반대의 주장을 내세우는 책들이 나란히 진열되어 있다. 나는 수업 시간에 학생들에게 돌아가면서 1, 2분 내에 자신이 읽었던 책에 관한 발표를 하게 한다. 그러면 매번 같은 저자의 작품을 발표하는 학생이 있다. 그런 학생의 특징은 묘하게 자신의 (실은 저자의) 의견에 확신을 갖고 있다는 점이다. 교양을 충분히 쌓지 않은 상태에서 책 몇 권을 읽고 그 주장을 절대적으로 믿는 것은 위험하기 그지없는 일이다.

책을 많이 읽으면 하나하나의 사실이 상대화된다. 차분하게 다양한 사상과 주장을 음미할 수 있게 된다. 좋아하는 저자의 책을 읽기만 해서는 이 생각 저 생각 사이에서 갈팡질팡하는 마음의 기술이 단련되지 않는다. 아주 간단하게 저자와 동일화되어 우쭐대는 것을 자아 형성이라고는 할 수 없다.

자아 형성은 앞으로 나아가면서도 방황하는 과정을 필요로 한다. 괴테는 "사람은 노력하는 동안 방황하는 법"이라고 말했다. 냉정하고 객관적인 요약 능력을 지닌 채 다양한 주장이 실려 있는 책을 읽어나가면 세계관을 갈고 다듬을 수 있다. 물론 어떤 특정한 생각에 휩쓸릴 수 있다. 하지만 어느 한 가지에만 몰입해서는 안 되니 휩쓸리면 휩쓸릴수록 그 밖의 세계에 마음을 활짝 열어놓기 바란다. 한 권의 책을 읽고 마는 게 아니라 그 책을 읽으면 꼬리를 물고 다양한 책들이 읽고 싶어져야 한다. 그것이야말로 자신을 만드는 독서다.

'방황'이란 말에는 부정적인 울림이 들어 있을지 모르지만 다양한 생각 사이에서 방황하다 보면 내면에 힘이 쌓인다. 하나의 사실을 옳다고 믿으면 마음은 편하겠지만 사고가 정지해버리기 쉽다. 사고를 정지시키지 않고 계속 음미하는 과정에서 자신을 형성하는 힘을 축적할 수 있다. 책을 읽으면서 저자에게 직접 반론을 제기할 수는 없다. 자신과 의견이나 감성이 조금 다르다고 느끼는 경우가 물론 생긴다. 하지만 직접 반론할 수는 없으니 그 생각을 마음 한 구석에 담아놓는다. 언어로 분명하게 반론할 수는 없더라도 그것이 자신을 형성하는 힘이 된다. 나중에 다른 저자의 책을 읽었을 때 '그때 느낀 위화감이 바로 이것이었나?' 하고 깨달을 수 있다. 아니면 다른 사람에게 위화감을 느낀 책에 대해 얘기하면서 문득 그 정체를 알아챌 수도 있다.

독서는 완전히 자신과 일치하는 사람의 의견을 듣기 위한 것이라기보다 내면의 마찰을 자신의 힘으로 바꾸는 법을 연습하기 위한 행위다. 이를 통해 자신과 다른 의견도 마음에 담아둘 수 있게 된다. 그런 포용력을 갖추게 되면 도량이 넓고 강력한 지성이 단련된다.

갈팡질팡하거나 결단을 못 내리고 마음에 담아두는 모습을 비효율적이라고 배제하는 분위기가 강해지고 있다. 10대만 해도 이런 혼란스러운 마음을 음미해야 하는데 너무나 바쁜 요즘 10대들은 방황의 의미를 잊고 있다. 독서는 이런 갈팡질팡하는 마음을 내면에 담아두는 기술을 배울 수 있는 최고의 방법이다.

난해한
글의 힘

일본어에는 '다메를 만든다溜をつくる'는 표현이 있다. 힘을 쓰기 전에 무릎을 굽히고 준비하는 모습을 뜻한다. 분위기를 한껏 고조시키기 위해 일단 차분하게 분위기를 가라앉히는 경우도 있다. 마음의 기술에도 '다메溜'와 비슷한 것이 있다. 예를 들면 자신과 다른 생각이라도 일단 차분히 들어두는 것이다. 자신이 하고 싶은 말을 바로 내뱉지 않고 마음속으로 음미하고 표현을 고르는 것이다.

앞에서 아이의 독서와 성인의 독서 사이에는 큰 차이가 있다고 말했다. 아동도서는 한 번 읽으면 이해되게 마련이다. 하지만 이해되지 않는 상태를 지그시 견디지 않아도 되는 독서만 한다면 독서력이 향상되지 않는다. 근육을 단련할 때 100킬로그램짜리 역기를 들어올릴 수 있는 사람이 60~70킬로그램짜리 역기를 들고 아무리 설레발을 떨어도 근육이 붙지 않는 것과 마찬가지다. 이해가 되지 않는 표현은 근육에 걸리는 부하라고 할 수 있다. "이해되지 않아 재미없다."고 내팽개치는 것이 아니라 이해가 되지 않는 답답한 상태를 마음에 담아두는 것이 중요하다.

모르는 문장이 나와도 포기하지 않고 다음 문장으로 넘어간다. 다음 문장을 읽으면 의미를 알 수도 있고 모를 수도 있다. 한 단락 또는 몇 페이지에 걸쳐서 모르는 상태가 이어질 수도 있다. 하지만 그래도 실마리를 찾아가는 것이 중요하다. 무언가가 힌트가 되어 이해되는 경우가 있다.

단지 어렵기만 하고 만족감을 느낄 수 없는, 내용이 조잡한 문장인가, 아니면 무슨 말인지 몰라도 내용이 고도로 응축된, 다시 말해 만족감을 주되 이해가 되지 않는 글인가? 바로 이런 점을 제대로 파악하는 것이 독서력을 향상시키는 열쇠가 된다.

그저 악문에 불과한 글을 공들여 읽어봤자 몸에 해로울 뿐이다. 하지만 단지 어렵다며 바로 포기한다면 근육은 붙지 않는다. 어렵다는 이유만으로 수준 높은 책을 기피하는 경향이 강해지고 있다. 심한 경우에는 "저자가 잘 모르기 때문에 쉽게 쓰지 못하는 것"이라며 자신의 독해력이나 지식의 수준을 올리려는 노력을 게을리하기도 한다. 어렵거나 이해되지 않는 상태를 참아내고 극복해낸 경험은 진정으로 독서력이 있는 사람이라면 누구나 갖고 있을 것이다.

이해가 되지 않는 답답한 심정을 가슴에 담아둔다.

이 '담아두는' 기술 자체가 독서로 길러지는 가장 중요한 힘일지도 모른다.

독서는
스포츠다
:자기 단련

3

제대로 훈련만 하면 수개월 안에
대부분의 책을 독파할 수 있다
독서에는 스포츠와 비슷한 숙달 과정이 있고
독서 또한 신체적인 행위이다
일단 독서를 스포츠로 인식하면
지금까지 독서를 멀리하던 사람들도
한결 쉽게 책에 다가설 수 있다

■ 독서는
하나의 기술이다

독서는 익숙해지면 자연스러운 행위이지만 사실 자연스럽게 몸에 붙지는 않는다. 책을 읽을 수 있으려면 단계가 필요하다.

외국 책을 한 권 건네주고 읽어보라고 하면 대부분의 사람들이 난색을 표할 것이다. 그런데 모국어 책도 마찬가지다. "그냥 자연스럽게 책을 읽게 되었다."는 사람은 독서 환경이 좋았을 것이다. 어렸을 때부터 집에 책이 쌓여 있고 부모가 독서를 즐기고 학교에서도 국어 교육이 적절하게 실시되면 그다지 의식하지 않아도 책을 읽는 습관이 몸에 밴다. 하지만 필요한 단계를 밟아나가지 않으면, 가령 한자를 모르면 책을 읽기가 어려운 법이다.

그렇다고 독서가 그렇게 어려운 기술은 아니다. 제대로 훈련만 하면 수개월 안에 대부분의 책을 독파할 수 있다. 내가 '독서는 스포츠'라고 말하는 까닭은 독서에는 스포츠와 비슷한 숙달 과정이 있고 독서 또한 신체적인 행위이기 때문이다. 그와 더불어 일단 독서를 스포츠로 인식하면 지금까지 독서를 멀리하던 사람들이 한결 쉽게 책에 다가설 수 있다는 기대도 있다.

내 강의실은 운동부 학생들로 붐빈다. 그들 중 상당수가 책을 거의 잡아본 적이 없다. 그래도 함께 독서토론회를 하다 보면 석 달 안에 도스토옙스키나 니체 등 500페이지가 넘는 책을 일주일 안에 너끈하게 읽게 된다. 운동부 학생들은 단조로운 기본 연습을 반복하는 것이 얼마나 중요한지를 몸으로 이해하고 있기에 일단 흥미를 가지면 금세 독서에 익숙해진다.

나는 학생들에게 "여기는 동아리"라고 말한다. 대학에 문예부는 있어도 독서부는 없다. 그런데 독서는 의외로 동아리로 활동하면 꽤 효율적이다. 제대로 된 지도를 받으면 꽤 높은 수준의 책도 읽어낼 수 있게 된다. 일단 독서가 기술로 몸에 붙으면 반영구적이다. 밖에서 보면 "역시 독서부 출신(말은 하지 않더라도)!"이라며 감탄하는 수준에까지 오를 수 있다.

내 생각으로는 초등학교, 중학교, 고등학교 때는 학생 전원이 독서부원이 되어야 한다. 그런 생활을 12년간 하면 마치 12년간 농구부로 활동한 학생처럼 뛰어난 기술과 체력이 몸에 붙을 것이다.

다음에는 독서에 익숙해지는 과정을 1단계에서 4단계로 나눠 설명해보겠다. 이 과정은 절대적인 것이 아니므로 하나의 기준으로 읽어보기 바란다.

1단계, 책 읽는 소리를 들어라

누군가 책을 읽어주면 즐겁다. 이런 즐거움은 아기 때도 맛볼 수 있다. 생후 일 년이 채 되지 않은 아이라도 그림책을 읽어주면 즐거워하는 것을 볼 수 있다. 글 읽는 소리가 리듬 있게 귀청을 울리면 아직 걸음마도 떼지 못한 아이라도 신나는 법이다. 아이들은 반복되는 것을 싫어하지 않는다. 마음에 드는 책은 몇 번이고 되풀이해서 읽어주라. 그사이에 아이는 자연스럽게 문장을 외워버리게 된다.

책 읽는 소리를 듣고 스스로 기억하게 된다. 이것은 아이들에게 자연스러운 일이다. 그림책을 정성껏 골라 읽어주면 좀 더 읽어달라는 아이의 욕구가 점점 높아진다. 평소에 주고받는 말을 들을 때와는 다른 기쁨이 있다. 그림책 중에는 상당히 뛰어난 작품들이 많다. 어른이 봐도 재미있는 그림이나 얘기가 담겨 있는 책이 수없이 출간된다. 독서의 기쁨은 그림책 읽는 소리를 듣는 데서부터 시작된다.

《쿠슐라와 그림책 이야기》라는 책이 있다. 심각한 장애를 지니고 태어난 여자 아이 쿠슐라가 그림책을 읽어주는 소리를 들으면서 몸과 정신이 눈에 띄게 발달하고 외부 세계로 의식을 넓혀가는 과정을 기록한 책이다.

태어난 지 얼마 되지 않아 이상 증세를 보이던 쿠슐라는 낮이나 밤이나 잠을 못 이룬 채 눈을 뜨고 있었다. 그 긴 시간을 어떻게 보낼지 고민하던 엄마는 쿠슐라가 생후 4개월이 되었을 때 책을 읽어주기로 한다. 다행히 쿠슐라는 심각한 장애를 지녔음에도 책을 읽어달라는 의사를 표시하며 온몸으로 엄마 목소리를 들었다. 엄마도 책을 읽어줄 때는 왠지 유익한 일을 하고 있다는 느낌이 들어 기분이 좋았다.

쿠슐라가 외부 사람들과 관계를 맺기 위해서는 반드시 옆에서 누군가가 도와주어야 했다. 그런데 일대일로 마주 앉아 책을 읽어주는 행위를 통해 쿠슐라는 외부 세계와 교섭할 수 있는 통로를 갖게 되었다. 쿠슐라가 마음에 든 책은 몇 백 번이고 읽어주었다. 수면 시간이 불규칙했기 때문에 기나긴 밤을 보내기 위해 그림책을 수없이 반복해서 들려주었다. 수많은 책을 접하면서 쿠슐라는 그림책 세계의 사람들과 친구가 되었다. 책 속의 인물들이 끊임없이 고통과 불안에 시달리는 쿠슐라를 위해 마음의 친구가 되어준 것이다. 엄마가 책을 읽어주는 시간은 쿠슐라의 마음을 밝게 해주었을 뿐만 아니라 지력을 향상시켜주었고 신체 발달에도 좋은 영향을 미쳤다.

세 살하고 여덟 달이 지났을 때 쿠슐라는 이렇게 말했다.

"자, 이제 루비루에게 책을 읽어줘야 해. 루비루는 지치고 슬프거든. 꼭 품에 안고 우유를 먹이고 책을 읽어줄 거야."

헤아릴 수 없이 많은 책을 읽어준 덕분에 쿠슐라는 마음속에 풍요로운 세계를 지닐 수 있게 된 것이다. 이것은 장애가 있는 아이든 없는 아이든 모든 아이에게 유효한 교육 방법이다. 아이와 함께 기나긴 시간을 보내기 위해 쿠슐라의 엄마가 절박한 심정으로 책을 읽어주었다는 점이 흥미롭다. 아이와 함께 있는 것은 때로 고통이다. 부모도 함께 즐길 수 있는 그림책을 골라 읽어주는 것이 아이들과 시간을 보내는 현명한 방법이다.

아이들에게 책을 읽어주었던 내 경험에 비춰 특히 권하고 싶은 책은 3부작인 《위대한 왕 길가메시》, 《이슈타르의 복수》, 《길가메시의 마지막 모험》이다. 메소포타미아의 고대 신화인 길가메시 이야기를 그림책으로 구성한 것이다. 설형문자로 점토판에 기록된 길가메시 이야기는 '노아의 방주'의 원형이라고도 말할 수 있는 웅대한 신화다.

이 이야기는 고대 신화를 구성하는 핵심적인 요소들로 듬뿍 채워져 있다. 우정과 사랑, 영웅담, 생과 사의 이야기, 선과 악의 싸움, 여행 등 신화의 원형이 거의 빠짐없이 들어 있다. 그림 또한 훌륭하여 한 장 한 장이 마치 벽화와 같고 채색 기법도 뛰어나다. 단순히 잘 그렸다는 말로는 부족한, 신화의 무게를 생생히 전달해주는 장엄함이 담겨 있다. 지친 사자를 짊어지고 걷는 그림에서는 유머도 느껴진다. 특히 3권인 《길가메시의 마지막 모험》이 대단하다. 삶의 문제가 응축되어 있어 어른도 충분히 독서의 맛을 느낄 수 있는 명작이다.

나는 이 세 권의 책을 아이들에게 읽어주면서 나 자신이 그 세계에 깊이 빠져 들어갔다.

책을 읽어주는 일은 유아에게만 해당되는 것이 아니다. 초등학생도 책을 읽어주면 좋아한다. 가령 남자 아이에게 어울리는 책일지 모르지만 에도가와 란포의 《소년탐정단》 시리즈는 초등학생에게 즐겁게 들려줄 수 있는 책이다. 예를 들면 "아 여러분, 여러분, 이건 대체 어떻게 된 일일까요?"라는 문장이 자주 튀어나와 연극을 보는 듯한 재미가 있다.

이 밖에 《돌리틀 선생님 이야기》도 아이들에게 들려주기에 적합하다. 이 책도 장편 시리즈다. 어디서 시작하고 어디서 끝나든 상관없는 마음 편한 책이기에 잠들기 전에 읽어주기에 안성맞춤이다.

긴 이야기를 눈으로 좇지 않고 귀로만 듣는 일은 상상력을 불러일으키는, 꽤 재미있는 경험이다. 귀로 들어온 문장을 바탕으로 머릿속에 영상을 그려나간다. 눈으로 읽고 머리에 떠올리는 것보다 부담이 적고 잠자기 전의 두뇌에 딱 좋다. 마음껏 이미지를 그려나가면서 꿈과 현실의 경계를 넘나드는 것은 행복한 일이다. 이처럼 책은 상상력을 길러준다. 단순히 지식만 얻는 것이 아니다. 문장을 듣고 이미지, 소리, 냄새 등을 상상하는 일은 몹시 인간적이다. 이렇게 지극히 인간적인 요소인 '이미지화 능력'을 독서가 단련시켜준다.

요즘에는 뛰어난 애니메이션 작품이 셀 수 없이 많이 나온다. 애니메이션은 문화적으로 상당히 고도의 기술이 구사된 작품이다. 작품성도 좋다. 하지만 유감스럽게도 작품을 만드는 사람의 상상력이 지나치게 발휘되어 그 상상력을 즐기기만 해도 배가 잔뜩 불러버린다.

실마리가 글밖에 없는 책은 색깔이나 형상, 그리고 등장인물의 목소리까지 독자가 상상하게 한다. 종종 책이나 만화로 익숙해져 있던 캐릭터가 텔레비전 애니메이션으로 제작되었을 때 '목소리가 다르다'고 느끼는 경우가 있다. 이는 상상 속에서 무심코 자신만의 목소리를 만들어가며 읽고 있었다는 의미다. 실제 성우의 목소리가 자신의 이미지와 다른 느낌을 갖는다는 것은 독서에 이미지화 능력이 있음을 나타낸다. 처음부터 애니메이션 작품으로 만나게 되면 그런 위화감을 느낄 수 없게 된다.

제작자의 상상력을 드러낸 영상물은 작품으로서의 완성도가 높을수록 아이들의 상상력을 키워주지 못한다. 애니메이션 작품에 익숙해진 사람들 중에는 책을 거의 읽지 않는 이가 수두룩하다. 언어만으로 다양한 이미지를 생성할 수 있는 이미지화 능력은 뛰어난 영상물이 넘쳐나는 이 시대에 오히려 약해지는 것이 아닐까?

■ 이미지를 떠올리게 하는 작품을 읽어라

언어와 감각을 대립적인 관계로 보는 의견이 있다. 하지만 양자는 대립하는 것이 아니다. 언어를 섬세하게 사용할수록 오감도 예민해진다. 새로운 표현이 나오면 거기서부터 새로운 감각도 생긴다. 원래 문학작품은 새로운 감각을 만들어내기 위한 언어의 실험실이기도 하다. 아무도 느낀 적이 없거나 확실히 의식할 수 없었던 감각을 문학자가 언어로 표현해줌으로써 비로소 손에 잡히듯이 파악할 수 있게 된다. 그리고 그 감각이 의식화되어 반복되면서 정착된다. 당장이라도 사라져버릴 듯한 섬세한 감각을 정착시키는 일은 그야말로 문화적인 작업이다.

언어에 의해 오감이 단련된다. 이런 상쾌한 느낌을 음미하게 해주는 대표적인 문학가가 미야자와 겐지다. 미야자와 겐지의 작품에는 물의 차가움, 물에 비치는 빛, 아침 이슬의 아름다움, 광물의 딱딱함, 그리고 타오르는 불의 강렬한 뜨거움 등 오감을 갈고닦아주는 언어 표현이 넘쳐난다.

아무리 시인이나 문학가라도 자연의 이미지 중 하나에 편중되기 쉽다. 하지만 미야자와 겐지는 늘 구체적인 사물들과의 관련하여 자연을 빠짐없이 사실적인 이미지로 제시하고 있다. 그것을 읽을 때 우리의 머릿속에도 구체적인 색깔, 소리, 냄새, 따뜻함, 차가움 등이 깊이 스며든다. 이토록 신체적인 감각을 구석구석까지 섬세하게 환기시켜주는 문학을 읽으면 그 특별한 경험은 사라지지 않는다. 그런 의미에서 미야자와 겐지의 책은 아이들에게 들려줄 수 있는 최고의 보물이다.

2단계,
소리 내어 읽어라

다른 사람이 읽어주는 책을 듣는 것이 1단계라면 직접 소리 내어 읽는 것이 2단계다. 옛날에는 일반적으로 글을 소리 내어 읽었다. 그 시절에는 의미를 자세하게 해석하는 것 이상으로 음독을 중시했다. 음독을 여러 번 하게 되면 문장이 몸에 배게 된다. 본래 자신의 외면에 존재하던 생소하고 어려운 문장이 서서히 내면에 들어오게 되고 자신의 것이란 느낌이 들게 된다. 그렇게 언어를 '신체화'하는 가장 강력한 방법이 음독이었다.

어느 순간인지 낭송이나 암송 등의 가치까지 폄하되었다. "아이들에게 낭송이나 암송을 시키면 지나친 주입식 교육을 하던 시대로 되돌아간 것 같다."고 말하는 사람이 있다. 하지만 낭송이나 암송을 주입식 교육과 결부시켜 생각하는 것도 이치에 맞지 않는다.

요즘 독서는 묵독 중심이다. 하지만 한때는 음독이 주류였던 시대가 있었다. 가족이 모두 모였을 때 누군가가 책 한 권을 소

독서를 통해 다양한 인간상을 미리 알아둘 수 있다. 그러
면 현실에서의 관계가 매끄러워진다. 자신과 다른 사고
방식을 지닌 사람과 만나도 대뜸 거부하는 것이 아니라
여유롭게 사귈 수 있는 포용력을 갖출 수 있게 된다.

리 높여 읽어주고 다른 사람들이 듣는 문화도 있었다. 아니, 신문조차 음독을 즐기던 세대도 있다.

언어를 기억해가는 단계에서는 특히 음독이 효과적이다. 자신이 내뱉고 자신의 귀에 들어간 표현은 기억되기 쉽다. 음독을 하면 주의력이 높아진다. 묵독을 하면 그냥 읽고 흘려버릴 문장도 음독을 하면 빠트리지 않고 인식하게 된다.

얼마 전에 한 고등학교 교장에게서 소리 내어 읽는 효과에 대해 들었다. 그는 첫 민간인 출신 교장으로 이전에는 회사원이었다. 그는 회사에 다닐 때 '실수'를 줄이기 위해 모든 중요한 문서를 읽을 때 묵독에서 음독으로 바꾸어 큰 효과를 보았다. 묵독은 그냥 지나쳐버리는 문장이 많은 반면 음독은 그런 일이 좀처럼 없었다고 한다.

소리 내어 읽으면 뇌가 활성화되기 쉽다. 이에 관해서는 '뇌과학과 교육'을 연구하는, 가와시마 류타 교수의 연구팀이 발표한 적이 있다. 이런저런 행동을 할 때마다 뇌의 활동 부위를 한눈에 보여주는 장치를 설치하고 관찰했다. 가령 음악을 듣는 경우에는 측두엽의 일부인 청각 영역만 활성화되었다. 컴퓨터게임은 뇌의 뒷부분을 주로 활성화시킨다. 그런데 이 부위는 '눈을 감은 채 내일의 일정을 열심히 생각할 때'는 거의 활성화되지 않는다. 덧셈을 빠르게 하면 뇌가 넓은 범위에서 활발하게 움직인다. 한자를 외울 때는 단지 읽기만 하는 것이 아니라 쓰면서 외우는 편이 더 많이 활성화된다. 책을 읽는 경우에는 묵독보다 음독이 뇌를 광범위하게 활성화시킨다.

묵독을 하면 의식이 몽롱해지기 쉬우므로 처음에는 음독으로 의식을 지속시키는 힘을 기르는 것도 독서력 향상을 위한 한 방법이라 하겠다.

읽는 것의 놀라운 효과

대학생을 가르치면서 깜짝 놀란 일이 있다. 교재를 낭독시키자 어이가 없을 정도로 서투르게 읽는 경우가 많았던 것이다. 어려운 한자식 단어를 잘 모르는 경우도 있었지만 문장 자체를 술술 읽지 못하는 경우가 더 많았다. 한 문장씩 돌아가며 읽게 했는데 절반 이상이 반드시 어딘가에서 막히거나 잘못 읽었다. 제대로 매끄럽게 읽기 위해서는 시야를 넓혀야 한다. 자신이 읽고 있는 부분의 앞부분까지 시선이 가야 한다. 이 폭이 넓으면 시야가 넓은 것이다.

글을 매끄럽게 읽으려고 하면 심리적으로 부담이 생긴다. 하지만 그런 상태에서 정확하게 읽는 훈련을 계속하면 뇌가 확실히 각성된다. 초등학교 저학년들에게 평범한 문장을 읽게 하면 중간중간 끊어지는 경우가 많다. 이래서는 책을 빨리 읽을 수 없다.

속독을 익히기 위해서는 당연히 음독에서 묵독으로 바꿔야 한다. 입술을 움직이면 빨리 읽을 수 없다. 하지만 숙달되는 과정으로 음독을 먼저 하는 편이 합리적이다. 물 흐르듯 음독을 할 수 있게 되면 자연스럽게 시야를 넓히는 훈련이 이루어져 시선을 앞으로 빨리 보내는 일에 익숙해진다.

음독과 독서력은 관계가 깊다. 학생들을 비교해보면 독서량이 적을 경우 소리 내어 술술 읽지 못한다. 정확하고 빠르게 혀를 놀리는 훈련은 뇌를 활성화시켜 묵독으로 대량의 책을 소화시키는 독서력의 기초를 다져준다.

■ 음독으로 독서력을 점검한다

음독을 해보면 자신의 책 읽는 능력을 점검할 수 있다. 어려운 단어가 많을수록 그 점이 분명하게 드러난다. 묵독을 하면 대충 넘어갈 수 있지만 음독을 하면 도저히 그럴 수가 없다. 글을 읽는 리듬이나 억양으로 문장을 확실하게 이해하는지도 알 수 있다. 더듬거리며 끊어질 듯 끊어질 듯 읽으면 문장을 충분히 이해하지 못했을 가능성이 높다. 외국어도 마찬가지다. 학생들과 함께 영어를 음독해보면 문장의 구조를 모르는 학생은 이상한 곳에서 끊어 읽는다. 듣는 사람이 자연스럽게 글의 의미를 이해할 수 있도록 읽으려면 문장의 구조를 이해하고 읽어야 한다. 문장의 구조에 맞춰 숨을 조절해가며 읽는 것이다. 의미가 머리에 쏙쏙 들어가게 읽는 훈련으로는 역시 음독이 최고다. 자신의 능력이 밖으로 분명하게 드러나서 스스로를 점검할 수 있기 때문이다.

독서는 육체적 행위다

독서는 전형적인 정신적 활동으로 여겨져왔다. 분명히 맞는 말이지만 독서는 고도로 지적인 행위인 동시에 신체적인 행위다. 눈을 움직이며 책장을 넘기고 경우에 따라서는 소리 내어 읽는다. 장시간의 독서에는 일정 시간 같은 자세를 유지할 수 있는 힘도 필요 책은 보거나 듣거나 훨씬 큰 상상력을 길러준다. 단순히 지식만 얻는 것이 아니다. 문장을 듣고 이미지, 소리, 냄새 등을 상상하는 일, 이 '이미지화 능력'을 독서가 단련시켜준다.

하다. 내용을 완전히 이해하기 전에 계속 앉아 있을 수가 없어 독서를 방해받는 경우도 있다.

철학자 가라키 준조는 이 문제에 대해 간단하게 언급한다. 가라키는 "독서 속에 포함되어 있는 신체적 훈련의 중요성을 완전히 무시하고 자유나 개성 같은 말을 높이 내걸면서 신체적 단련을 배제함으로써 독서는 자아 형성을 위한 수양이라기보다는 산책, 영화, 바둑, 장기와 더불어 취미로 전락하고 말았다."고 비판한다.

가라키의 비판은 이제 상당히 높은 수준의 사람을 향하는 꼴이 되었다. 지금은 교양으로서 책을 읽는 것조차 보기 힘든 시대다.

독서가 정신에 미치는 영향을 생각해보면 독서를 신체적 행위로 받아들이는 일은 큰 의미가 있다. 사고의 틀을 갖추기 위해서는 음악을 즐기는 듯한 태도가 아니라 적극적으로 신체를 동반하는 태도가 효과적이다. 그것은 음악을 들을 때 뇌가 거의 활성화되지 않는 반면 음독을 할 때는 크게 활성화된다는 연구 결과와도 부합된다.

어렸을 때 소리 높여 어려운 서적을 읽었던 사람은 대부분 그 후로 독서의 폭을 넓혀가게 된다. 어려운 책에 익숙해지면 다양한 분야의 책을 소화할 수 있는 바탕이 갖춰지기 때문이다.

독서를 '신체적 행위'로 받아들이는 일은 지금 이 시대에는 다소 어려울지 모른다. 따라서 내가 이 책에서 권하고 싶은 것은 편안한 정신의 긴장을 동반하는 독서다. 운동을 할 때 엄격하고 합리적인 훈련을 받으면 온몸이 편안하게 긴장하는 것을 느낄 수 있다. 그런 훈련을 끝낸 뒤에는 에너지를 연소시킨 만족감과 한층 더 숙달되었다는 자신감이 몸에 남는다.

운동으로 얻는 이런 만족감을 독서로도 얻을 수 있다. 자신이 좋아하는 문장을 소리 내어 읽어보거나 직접 종이 위에 써보면 자신의 것이 된다. 책을 읽는 행위를 만남의 기회로 삼아 다른 사람이 써놓은 문장을 자신의 것으로 만들어가는 작업을 할 때 신체가 중요한 역할을 담당한다.

소리 내어 읽는 방법의 다음 단계는 직접 손으로 밑줄을 긋는 것이다.

3단계, 밑줄을 그으면서 읽어라

어렸을 때 소리 내어 책을 읽었던 사람이라도 보통 밑줄을 긋는 단계로는 이행되지 않는다. 단지 눈으로 글자를 좇는 것이 일반적이다. 하지만 나는 책을 자신의 것으로 만들기 위해서는 밑줄을 그으면서 읽는 것이 효과적이라고 생각한다. 밑줄을 긋는 일은 자신을 적극적으로 책 속의 내용과 연결시키는 행동이다. 단지 책을 읽기만 하면 아무 변화가 없기에 독서는 수동적인 행위가 되기 쉽다. 어디에 밑줄을 그을지 생각하면서 책을 읽을 때 비로소 독서는 적극적인 행위가 된다.

실제로 밑줄을 그을 때는 용기가 필요하다. 자신의 가치관이나 판단이 거기에 드러나고 남기 때문이다. 다른 사람이 볼 수도 있다는 생각에 부끄러운 마음이 들지도 모른다. 그렇지만 그런 마음을 극복하고 용기 있게 밑줄을 그어야 한다. 이런 하나하나의 행동이 쌓이면서 책을 읽는 힘이 단련된다.

책을 자신의 것으로 만든다는 것은 책 속에서 자신에게 영감을 주는 중요한 문장을 발견하는 일이다. 단 한 줄도 눈에 번쩍 뜨이는 문장이 없다면 그 책은 자신과 인연이 없는 것이다. 책을 읽다 보면 공감하는 문장을 만날 수 있다. 우선 그런 부분부터 밑줄을 긋는다. 다른 사람의 시선은 의식하지 않고 과감하게 용기를 가지고 밑줄을 긋는다. 밑줄을 긋는 데 익숙해져야 한다.

밑줄을 그으면 그 책은 자신의 것이 된다. 다른 사람이 밑줄을 그어놓은 책은 읽기가 고통스럽다. 하지만 자신의 표시가 담긴 책은 사랑스럽다.

가령 여행 지도를 생각해보자. 처음 샀을 때는 단순한 지도에 불과하다. 하지만 현지에 직접 가보고 실제 발을 디딘 곳에 빨갛게 동그라미를 쳤다고 하자. 경로를 화살표로 지도에 표시해놓는 것도 좋다. 인상적이었던 곳은 동그라미를 세 겹으로 치고 직접 들러본 가게나 만나본 사람의 이름도 적는다. 이렇게 지도는 '자신의 지도'가 된다. 그러면 여행이 끝난 뒤에도 지도를 차마 버릴 수가 없다. 나중에 돌이켜보면 그때의 추억이 자신이 표시한 곳에서부터 되살아난다. 아무것도 표시하지 않고 그냥 내버려둔 지도는 버려도 아깝지 않다. 또 손에 넣을 수 있기 때문이다. 하지만 정이 든 마을을 표시해둔 지도는 나중에는 좀처럼 만들어낼 수 없는 가치를 지니고 있다. 책도 마찬가지다.

이 책은 일생에 단 한번밖에 만날 수 없다는 자세로 읽으면 독서의 질이 높아진다. 물론 언제라도 다시 읽을 수 있다는 점이 책의 이점이다. 하지만 '이 책을 만나는 것은 이번이 처음이자 마지막이 될지도 모른다'는 생각으로 읽으면 긴장감이 높아진다. 밑줄을 그을 때도 설사 다른 사람에게는 이 부분이 중요하지 않더라도 내게는 중요한 곳이라고 확신하면서 긋는다면 아

!

자신이 좋아하는 문장을 소리 내어 읽어보거나 직접 종이 위에 써보면 자신의 것이 된다. 책을 읽는 행위를 만남의 기회로 삼아 다른 사람이 써놓은 문장을 자신의 것으로 만들어가는 작업을 할 때 이는 중요한 역할을 담당한다.

무 문제없다.

　그렇게 수없이 자신의 판단력을 바탕으로 밑줄을 그은 책은 나중에 다시 읽어볼 때 막강한 효력을 발휘한다. 처음 읽었을 때 들인 시간의 몇 분의 1, 아니 10분의 1만으로도 내용을 훑어볼 수 있다. 밑줄을 전혀 긋지 않고 읽은 책은 다시 읽어봐도 기억을 불러일으키는 데 시간이 걸린다. 하지만 군데군데 분명하게 밑줄을 그어놓으면 그것이 실마리가 되어 처음 읽었을 때의 기억을 되살리기 쉬워진다. 그리고 밑줄을 그은 곳만 읽으면 일단 내용은 파악할 수 있다. 이 작업에는 거의 시간이 걸리지 않는다.

　몇 번씩 반복하여 책 내용을 파악함으로써 기억에 정착된다. 한 번 읽고 기억하는 것은 여간해서는 어렵다. 밑줄을 그어놓은 부분만이라도 여러 번 읽다 보면 점점 그 문장에 익숙해진다.

　긴장하며 읽은 책은 다시 읽어볼 가치가 있다. 책을 사서 깨끗하게 띄엄띄엄 읽고 팔아버리는 방법은 언뜻 보면 효율적인 듯하지만 내 입장에서 보면 실로 낭비가 많은 독서다. 물론 오락 위주의 서적이라면 상관없다. 하지만 긴장하며 읽은 책을 내놓는 것은 아깝기 그지없는 일이다. 특히 자아 형성에 도움을 준 책은 밑줄을 그어놓은 상태로 간직했으면 좋겠다. 10년, 20년

후 다시 읽어보았을 때 새로운 발견을 하거나 감동을 느낄 수 있을 것이다. 누구든 자신에게 관심이 있다. 직접 밑줄을 그어놓은 책은 자신에 대한 관심을 일깨워준다.

밑줄을 잔뜩 그어놓은 곳, 즉 인상적인 표현이 많은 페이지에는 포스트잇을 붙이거나 끝부분을 접어놓는다. 그러면 나중에 팔랑팔랑 넘기면서 바로 중요한 곳을 찾아낼 수 있다. 필기구를 갖고 있지 않을 때는 우선 중요한 글이 적혀 있는 페이지를 접어놓고 나중에 밑줄을 긋는다. 한 문장 한 문장 밑줄을 긋는 게 귀찮을 때는 한 단락을 통째로 묶어 윗부분에 표시해두고 이중, 삼중으로 동그라미를 쳐둔다.

포스트잇은 편리한 도구다. 포스트잇을 덕지덕지 붙여놓고 싶은 책은 자신에게 소중한 책이다. 따라서 책장을 둘러보고 포스트잇의 개수로 중요도를 알 수 있다. 특별히 중요한 곳은 포스트잇을 밖으로 보이게 붙여둔다. 요즘에는 다양한 색깔의 포스트잇이 저렴한 가격에 판매되고 있다. 책을 자신의 것으로 만드는 효과를 생각하면 포스트잇을 사용해볼 것을 권한다.

삼색 볼펜으로 독서하기

나는 밑줄을 그을 때 세 가지 색깔의 볼펜으로 구별해서 긋는다. 파란색과 빨간색이 객관적으로 중요한 부분이고 초록색이 주관적으로 재미있다고 생각한 곳이다. 객관적으로 중요한 곳은 파란색으로 밑줄을 긋고 책의 주제상 특히 중요한 곳은 빨간색으로 밑줄을 긋는다. 빨간색만 따라가며 읽으면 책의 기본적인 요점은 알 수 있게 해놓는다. '객관적으로 중요한 곳'이란 독해력 있는 사람이라면 대부분 그 책의 중요한 부분으로 여긴다는 뜻이다. 저자가 가장 힘주어 말하고 싶은 곳이라고도 할 수 있다. 다짜고짜 빨간색으로 밑줄을 그으려면 긴장이 되어 좀처럼 손이 나가지 않기에 먼저 파란색으로 표시하면서 대강의 요점이나 줄거리를 파악한다. 그리고 그중에서 핵심적인 부분을 찾아내면 효율적이다.

책의 주제와는 상관없이 자신에게 흥미로웠던 부분은 초록색 볼펜으로 밑줄을 긋는다. 다른 사람은 관심 없어하는 부분에 눈길을 주면서 자신의 감성이 독자적으로 반응하는 곳에 줄을 그어나가면 초록색의 맛이 살아난다. 이렇게 삼색 볼펜을 이용한 독서법으로 《삼색 볼펜 초학습법》이라는 책을 내기로 했다. 여기서는 주관과 객관으로 구분해서 읽는 방식에 대해서만 간단하게 언급하겠다.

주관과 객관을 칼로 무 자르듯이 정확하게 나누기가 힘든 경우도 있다. 그러나 주관과 객관을 나누어보는 훈련은 의미가 있다. 자기 혼자 느끼고 있는 것과 누구나 느끼고 있는 것은 의미가 다르다. 제멋대로 책을 해석한다면 독해력은 늘지 않는다.

물론 책은 "자기 나름대로 읽어나가면 된다."는 주장도 있지만 나는 그렇게 생각하지 않는다. 소설을 제외한 나머지 책들은 주제가 대략적으로 드러나는 법이다. 전혀 주제가 없는 것이 오히려 특별한 책이다. 그런데 주제를 잘못 파악한다면 나름대로 읽었다고 떠들어봤자 별 의미가 없다.

책을 요약할 수 있는 힘이야말로 독해의 기본이다. 요약 능력이 없으면 책을 읽지 말라는 말이 아니다. 오히려 독서를 통해 요약 능력을 단련시켜야 한다.

삼색으로 구별해서 표시하는 방법은 누구나 할 수 있다. 초등학생을 가르쳐본 결과 특별히 우수한 아이가 아니라도 삼색 볼펜을 처음부터 능숙하게 사용했다. 물론 무슨 색으로 표시하면 좋을지 갈피를 못 잡는 경우도 있었지만 점점 익숙해졌다. 아이가 맞든 틀리든 구애받지 않고 자신의 생각대로 거침없이 밑줄을 그어나가게 한다. 빨간색을 엉뚱한 곳에 긋는 경우에는 "거기는 초록색이 좋겠네." 하고 지적해주면 그만이다. 좋은 책은 어디에 밑줄을 긋든 어느 정도 의미가 있기 때문에 완전히 잘못 긋는 경우가 도리어 없는 편이다.

밑줄을 그은 뒤에 책을 살펴보면 그 아이가 문장을 얼마나 이해했는지를 한눈에 알 수 있다. 이는 아이들의 수준을 점검하는 데 매우 효과적인 방법이다. 저자 자신이 들어도 고개를 갸웃거릴 세밀한 해석을 하기보다는 어디가 중요한 곳인지를 서로 판단하고 의견을 나누는 편이 생산적이다. 모든 문장이 균등한 가치를 지니고 있는 경우는 없다. 역시 중요한 문장이란 것이 있게 마련이다. 그곳에 정확하게 밑줄을 긋는 훈련을 통해 요약 능력이 단련된다.

파란색 볼펜과 빨간색 볼펜으로만 밑줄을 긋다 보면 뭔가 재미가 없다. 이때 초록색 볼펜으로 밑줄을 그으면서 자기 나름의 감성을 살려내는 것이 좋다. 이렇게 세 가지 색으로 밑줄을 그으면 검은색으로만 밑줄을 그었을 때보다 책에 대한 이해도를 분명하게 드러낸다. 다른 사람이 봐도 알기 쉬울 뿐 아니라 자신도 이 책은 초록색은 많은데 빨간색은 적다는 식으로 평가할 수 있다. 그렇게 훈련하는 사이에 초록색이나 빨간색 밑줄을 많이 그을 수 있는 유익한 책을 찾는 요령이 생긴다.

삼색 볼펜으로 색을 구별하면서 밑줄을 긋다 보면 주관과 객관을 구별하는 법이나 중요한 부분과 가장 중요한 부분을 구분하는 법을 하나의 기술로 몸에 익힐 수 있다. 주판알을 계속 튕기다 보면 결국 주판이 머릿속에 들어오듯이 삼색 볼펜을 바꾸어가며 사용하다 보면 머릿속에서 주관과 객관을 구별하고 전환시키기가 쉬워진다. 도구를 사용함으로써 사고 습관이 몸에 배는 것이다.

이런 훈련은 스포츠나 예능의 세계에서는 당연한 일이다. 독서도 사고의 기법을 단련하는 방법으로서 재인식되어야 한다. 독서로 사고 습관을 기른다는 의미에서 삼색 볼펜 방식은 효과가 있다. 하지만 이렇게 분명한 형태가 아니라도 독해력이 있는 사람들은 이미 비슷한 방법을 사용해왔다. 따라서 삼색 볼펜 방식이 결코 특별한 것은 아니다. 오히려 기본을 다지는 시코나 구구단과 같다.

2단계의 소리 내어 읽는 방법과 3단계의 밑줄을 그으면서 읽는 방법을 병행할 수 있다. 어느 정도 소리 내어 읽은 뒤 자신이 중요하다고 생각한 부분에 밑줄을 긋는다. 이를 되풀이하면서 책을 읽어나간다. 아동 도서라면 100~200페이지 정도를 하루에 충분히 읽을 수 있다. 집에서 아이들에게 책을 읽히는 경우

소리 내어 읽게 하면 부모 귀에도 내용이 들어와서 나중에 대화를 나누기가 쉽다. 그리고 아이가 밑줄을 그어놓은 곳을 읽어보면 재미있다.

4단계, 속도를 조절하라

독서라고 하면 일정한 속도로 읽어나가는 방식을 상상하기 쉽다. 하지만 실제로 독서에 익숙한 사람은 책 읽는 속도가 몇 단계로 나뉘어 있다. 다양한 기어를 보유한 채 책마다 기어를 바꿔가며 읽는다고 할 수 있다.

책에 따라 속도를 조절하며 읽는 것, 이것이 바로 4단계다.

요리에도 패스트푸드처럼 급히 먹을 수 있는 것이 있는가 하면 프랑스 요리의 풀코스처럼 천천히 음미하며 먹어야 하는 것도 있다. 책 중에도 서점에서 쓰윽 훑어보기만 해도 충분한 것이 있고 하루에 몇 페이지밖에 읽을 수 없는 것도 있다. 철학서 등은 빨리 읽는다고 좋은 것이 아니다. 낮은 기어로 천천히 언덕을 올라가듯 확실하게 의미를 해석해나가는 작업이 필요하다. 책을 늦게 읽는 것이 나쁜 것은 아니다. 물론 속독을 할 수 있으면 바랄 나위가 없지만 속독을 못해도 별 상관은 없다. 책한 권을 빠르게 읽어재끼는 기술보다는 책의 핵심 부분이 어디인지 판단하는 능력이 더 중요하다.

책을 한 권 읽어나갈 때도 속도를 바꿔가며 읽는 경우가 많다. 저자의 입장에서 보아도 요점을 신속하게 짚어가며 읽어주었으면 하는 부분과 자신의 경험에 비추어가며 천천히 읽어주었으면 하는 부분이 있다. 경우에 따라서는 건너뛰며 읽어도 괜찮다. 자신과 그다지 관계가 없는 부분에 에너지를 소비하기에는 바닷가의 모래알처럼 읽어야 할 책이 너무나 많다. 어느 부분이 자신과 깊은 관계가 있는지를 신속하게 판단하면서 '속도를 조절하며 읽는 기술'을 습득하는 것이 합리적이다.

처음에는 책 한 권을 제대로 다 읽었다는 만족감을 느끼는 일이 분명히 중요하다. 그래서 두껍지 않은 책을 손에 들고 완독하는 감각을 몸에 익혀 나간다.

그 단계를 마치면 어느 정도 속도를 붙여 읽는 훈련을 한다. 모르는 대목이 있어도 지나치게 매달리지 않는다. 일단 뒷부분까지 가면 자연스럽게 알게 되는 경우가 있다. 모든 책을 꼼꼼이 읽어야 한다는 생각은 버려도 된다. 오히려 그런 강박이 독서력을 키우는 데 방해가 된다. 많이 읽으려면 빨리 읽는 게 필

책을 늦게 읽는 것이 나쁜 것은 아니다. 물론 속독을 할 수 있으면 바랄 나위가 없지만 속독을 못해도 괜찮다. 책 한 권을 빠르게 읽어내는 기술보다는 책의 핵심 부분이 어디인지 판단하는 능력이 더 중요하다.

수적이다.

천천히 밑줄을 그으면서 읽거나 메모를 하면서 읽어야 하는 책이 있다. 한편으로는 띄엄띄엄 건너뛰면서 읽어도 되는 책도 있다. 정독이냐 다독이냐로 분명히 나눌 필요가 없다. 왜냐하면 정독할 수 있는 힘과 다독할 수 있는 힘은 모순되지 않는다. '좁고 깊게'냐, '넓고 얕게'냐의 구분도 거의 의미가 없다. 넓게 읽다 보면 깊게 읽을 수 있게 된다. 두려워하지 말고 손에 잡히는 대로 책을 읽어야 한다. 독서의 경우 '넓고 깊게'도 현실적으로 가능하다.

■ 동시에 여러 권 읽어도 된다

의식하지 않더라도 책을 읽다 보면 자연스럽게 생각의 기어를 바꾸는 방법이 몸에 배는 경우가 있다. 자신의 두뇌 상태를 확실하게 자각하는 일은 처음에는 어렵다. 하지만 어려운 책이든 쉬운 책이든 다양하게 읽다 보면 책에 따라 머리 회전이 달라지는 것을 느낄 수 있다.

동시에 여러 권의 책을 읽거나, 다양한 종류의 책을 번갈아 읽을 때도 주의할 점이 있다. 난이도가 쉬운 책만 읽으면 안 된다는 것이다. 소설에서 인문서까지 아무리 분야가 달라도 쉬운 책만 읽어서는 생각의 기어가 바뀌는 느낌을 받을 수가 없다. 어렵고 두꺼운 책을 다 읽은 다음 쉬운 책을 읽어보라. 놀라울 정도로 빨리 읽힌다는 사실을 알게 된다. 그런 지적 훈련 효과가 어려운 책이나 두꺼운 책에는 들어 있다.

글자 수가 적은 책을 반기는 경향이 요즘 들어 두드러진다. 그러나 글자가 깨알같이 박혀 있는 책을 머리를 쥐어뜯으며 읽고 나면 글자가 듬성듬성한 책은 전혀 부담 없이 읽을 수 있다. 뿐만 아니라 쉬운 책에서도 남들과 다른 자기만의 의미를 발견해내는 능력도 급격하게 높아진다. 똑같은 그림 동화책을 읽어도 누구는 감동을 느끼는 정도가 깊고, 누구는 그저 내용만 파악한다. 그런 차이가 바로 다양한 수준의 책을 읽는 데서 만들어진다.

다양한 수준의 책을 읽다 보면 의식을 바꾸는 기술이 자연스럽게 몸에 밴다.

'독서의 속도를 조절하는' 기술(4단계)을 구사할 수 있게 되면 여러 권의 책을 동시에 읽을 수 있게 된다. 책 한 권으로 머리가 꽉 차는 것이 아니라 머릿속에 책마다 다른 방을 마련해놓을 수 있는 것이다. 단선 선로가 아니라 복선 선로가 깔린다고 생각해도 무방하다. 내 머릿속에 그런 선로가 점점 늘어간다고 상상해 보라.

동시에 여러 권의 책을 기어를 바꿔가며 읽는 연습을 계속하다 보면 뇌의 용량이 커져 생각할 때 여유가 생긴다. 사회 생활에서는 물론이거니와 일상에서 마주하는 여러 문제에 대해서도 훨씬 여유있고 유연하게 대처할 수 있게 된다. 독서의 단계를 발전시키는 것은 의식이 부드럽게 강해지는 과정이기도 하다.

독서는
커뮤니케이션이다
: 세계관의 확장

독서를 통해 요점을 파악하는 능력을
기르지 못한 사람은 질 높은 대화를 할 수 없다
대화를 나눌 때 요점을 제대로 파악하여
능숙하게 되받아넘기는 일은 마치
어떤 코스로 날아올지 모르는 공을 받아치는 것과 같다
반면 책은 글자로 고정되어 있기에
어디로 공이 날아올지 대강 짐작할 수 있다

4

독서력에 따라 대화의 질이 다르다

무엇을 위해 책을 읽어야 하는가? 책을 읽으면 어떤 능력이 생기는가? 앞에서도 말했듯이 독서는 자아를 형성해주는 힘이 있다. 그와 동시에 강조하고 싶은 점은 독서를 통해 커뮤니케이션 능력을 크게 향상시킬 수 있다는 사실이다.

일상적인 대화를 나누더라도 독서력이 있는 사람과 없는 사람은 대화가 질적으로 다르다. 학생들과 얘기를 나눠보면 책을 읽는 학생인지 아닌지 금방 알 수 있다. 독서를 하는지 어떤지 굳이 물어보지 않아도 의사소통 능력을 통해 드러나는 것이다.

그러면 독서는 커뮤니케이션에 어떠한 영향을 미칠까?

확실한 점은 맥락이 있는 대화를 나눌 수 있는 의사소통 능력을 키워준다는 것이다. 중학생이나 고등학생의 대화를 들어보면 전혀 맥락이 없는 얘기를 나누고 있는 경우가 많다. 그 또한 나름대로 친구들 간의 즐거운 대화가 될지 모른다. 문제는 친구가 아닌 사람들과 대화를 나누는 경우다. 맥락이 통하지 않는 말을 주워섬기면 의사소통이 제대로 이루어지지 않는다. 상대의 말과 전혀 상관없이 자신의 관심사만 풀어놓는다면 상대는 어이없어하며 인격까지 의심할 것이다. 맥락이 없는 말만 한다면 사회성 없는 사람으로 받아들여질 수 있다.

그렇다면 맥락이 있는 대화를 하려면 어떻게 해야 할까?

그것은 상대가 하는 말의 요점을 파악하고 그 요점을 자신의 각도에서 말해줄 수 있을 때 가능해진다. 일반적으로 말 속에는 줄기와 잔가지가 있다. 상대가 하는 말의 줄기를 확실히 파악하고 그 줄기를 토대로 가지를 쳐가듯이 얘기를 하는 것이 대화의 요령이다. 그 줄기를 파악하는 힘은 독서를 통해 요약 능력을 훈련하면 크게 향상된다.

대화는 허공 속을 흘러가는 바람과 같기에 잡을 수가 없다. 반면 책은 내용이 활자로 고정되어 있으므로 반복적으로 읽다 보면 쉽게 요점을 찾을 수 있다. 독서를 통해 요점을 파악하는 능력을 기르지 못한 사람은 질 높은 대화를 할 수 없다. 대화를 나눌 때 요점을 제대로 파악하여 능숙하게 되받아넘기는 일은 마치 어떤 코스로 날아올지 모르는 공을 받아치는 것과 같다. 반면 책은 글자로 고정되어 있기에 어디로 공이 날아올지 대강 짐작할 수 있다. 요컨대 책을 통해 요약 능력을 쌓으면 실제 대화에서 요점을 파악하는 능력을 향상시킬 수 있다.

대화는 자신의 말이 상대에게 제대로 전달되었다고 느껴질 때 더욱 활기를 띠게 된다. 이때 제대로 이해했음을 나타내는 좋은 방법은 상대의 말을 자기 나름의 표현으로 바꿔서 말해주는 것이다. "과연!", "그렇지요!", "아무렴!" 등 맞장구만 쳐줘도 대화는 윤활유를 친 것처럼 매끄럽게 이어진다.

이 맞장구를 고도로 승화시킨 기술이 바로 '자신의 말로 바꿔서 표현하는 것'이다. 상대의 말을 앵무새처럼 따라하는 것만으로도 대화는 탄력을 받는다. 차원을 한 단계 높여 같은 내용을 달리 표현해줄 수 있으면 상대의 말을 완전히 이해하고 파악했다는 사실이 확실히 전달된다. "같은 내용을 자신의 말로 바꿔 표현하라." 이는 어릴 때부터 꾸준히 되새겨볼 가치가 있는 말이다. 이 '바꿔 말하는 능력'은 커뮤니케이션에서 가장 기초적인 것이다.

자신의 말로 바꿔 표현하기 위해서는 어휘가 풍부해야 한다. 이는 독서를 통해 효율적으로 연마할 수 있다. 바꿔 말하는 데는 요령이 있다. 추상적인 말은 구체적으로, 구체적인 말은 약간 추상적인 말로 바꾼다.

요즘 나오는 책은 구체적인 예를 들어가며 논지를 펴나가는 경우가 많다. 일반적인 문장 끝에 '예를 들면'이라는 식으로 사례를 들어 설명한다. 이를 두 사람의 대화에 응용하는 것이다. 일반적인 말을 하면 구체적인 예를 들어주고, 구체적인 예를 거론하면 이를 일반화해준다. 이런 식으로 얘기를 주고받으면 큰 줄기를 벗어나지 않으면서 탄력이 넘치는 대화를 할 수 있다.

자신의 말이 허공으로 사라지지 않고 상대에게 전달되었을 뿐만 아니라 다른 식으로 표현되고 있음을 느낄 때 대화의 기쁨을 만끽할 수 있다. 이를 구체적으로 확인시켜주는 것은 상대의 말 속에 자신이 한 말의 키워드가 들어 있는가의 여부다. 자신의 말 중 특히 중요하다고 생각하는 단어(키워드)를 상대가 사용해주면 그것만으로도 대화에 불이 붙는다.

이 정도 기술은 독서를 하지 않아도 몸에 익힐 수 있을지 모른다. 독서의 효력은 5분 전, 10분 전, 20분 전에 상대가 한 말을 지금의 대화에 되살려 넣는 기술에서 빛을 발한다. 이는 현재의 문맥에는 나오지 않는, 이를테면 이미 땅속에 묻혀버린 수맥을 다시 한번 찾아내는 것이다.

상대조차도 현 시점에서는 의식하지 않고 있는 말을 다시 한번 무대에 올린다. 그러면 상대는 자신이 과거에 한 말과 현재

하는 말이 하나로 연결되는 것을 느끼고 자신의 말에 맥락이 생긴 것을 기뻐한다. 가장 세심한 배려는 상대가 이어가지 못하는 맥락을 이어주는 것이다. 이런 행동이 가능하려면 상대의 말을 완벽하게 파악해두어야 한다. 그런 능력을 얻으려면 '메모 하는 습관'이 필요하다.

나는 가볍게 대화를 나눌 때도 간단히 메모를 한다. 그림을 그리는 경우도 있다. 메모를 해두면 상대가 하는 말의 핵심을 쉽게 잡을 수 있다. 창조적인 대화를 위해서는 자신의 사고와 상대의 사고를 혼합시켜야 한다. 자신이 하고 싶은 말만 하고 대화를 끝내는 사람을 심심치 않게 볼 수 있다. 이는 생각을 비교·분석하는 능력이 부족해서 벌어지는 일이다. 메모하는 습관이 있는 사람은 자신의 얘기만 늘어놓는 일이 결코 없다.

메모하는 능력도 독서를 통해 길러진다. 멀리 떨어져 있는 단락에서 맥락을 찾는 연습이 메모 능력을 단련시켜준다. "지금 읽고 있는 부분은 분명 앞에도 나왔는데……." 하며 찾아본다. 그리고 해당 부분이 눈에 띄면 그곳에 밑줄을 긋거나 동그라미를 친다. 이렇게 함으로써 독자 자신이 적극적으로 전후 관계에 맥락을 이어가게 된다. 또는 책을 읽으면서 "아, 여기는 나중에 중요해지겠는걸." 하는 부분이 있으면 표시해둔다. 전부 들어맞지는 않더라도 나중에 그런 표시가 유용하게 쓰일 때도 있다.

항상 맥락을 생각하면서 독서를 하고 대화를 하는 것이 중요하다. 내용이 뚝뚝 끊어지는 책도 없지는 않지만 일반적으로 책은 맥락을 중시한다. 이를테면 항상 스트라이크가 들어오는 야구연습장과 같다. 일상 대화에서는 항상 공이 스트라이크존으로 들어온다고 할 수 없다. 상대의 말 자체에 맥락이 없는 경우도 많기 때문이다. 전혀 맥락이 없는 얘기를 들으면서 맥락을 이어주는 일은 여간 어렵지 않다. 분명하게 주장이 담겨 있는 책을 통해 맥락을 잇는 연습을 하는 것이 합리적이다. 게다가 대화에 비해 많은 내용이 들어 있는 책을 통해 연습해두면 실제 대화에서 요점을 파악하기가 한층 쉬워진다.

책의 저자들은 각각 나름의 주장이나 자신이 원하는 방향을 지니고 있다. 그런 저자들을 만남으로써 듣는 능력이 강화된다. 책에 따라서는 상당히 제멋대로인 저자도 있다. 게다가 저자들은 대개 개성이 뚜렷하다. 다양한 저자들을 수없이 경험하면서 독자는 단련되어간다. 다른 사람의 이야기를 정확히 알아들을 수 있는 것만으로도 사회성이 꽤 높다고 할 수 있다.

누군가와 대화를 나눌 때 요점을 제대로 파악하여 능숙하게 되받아넘기는 일은 마치 어떤 코스로 날아올지 모르는 공을 받아치는 것과 같다. 책을 통해 요약 능력을 쌓으면 실제 대화에서 요점을 파악하는 능력을 향상시킬 수 있다.

글을 쓰듯
말을 하라

대화가 제대로 된 문장으로 이루어져 있는지 그렇지 않은지를 보면 책을 읽는지 그렇지 않은지를 알 수 있다.

독서를 하지 않는 사람은 단어만 툭툭 내뱉거나 문장의 시작과 끝이 제대로 호응하지 않는 경향이 있다. 물론 대화할 때는 늘 정확한 문장으로 말할 필요는 없다. 중간에 문장이 뒤틀려도 어떻게든 의미는 통한다. 완벽한 문장으로 말할 수 있으면 문장을 뒤틀어서 말하는 것은 일도 아니다. 하지만 완벽한 문장으로 말하는 훈련이 안 된 사람은 아무리 애써도 정확하게 말할 수 없다.

"말하듯이 글을 쓰라."는 말을 종종 접한다. 하지만 "글을 쓰듯이 말을 하라."고 권하는 것이 오히려 의미가 있다. 책을 많이 읽은 사람이 그렇지 않은 사람에게 "책 같은 것은 읽을 필요가 없다."고 말하는 것이 터무니없고 비겁한 행위인 것처럼 독서를 많이 하고 책까지 쓰는 사람이 "말하듯이 글을 쓰라."고 말하는 것은 설득력이 없다. 독서 습관이 없는 사람이 자신의 말을 문자로 표현한다면 그것은 의미 없는 잡담에 지나지 않는다.

대화의 문맥을 확실히 파악할 수 있는 능력이 있으면 반대로 의식적으로 문맥에서 벗어날 수도 있다. 항상 핵심(삼색 볼펜에 비유하면 빨간색)만 이야기하면 자연히 대화는 단조로워진다. 그때 핵심에서 약간 벗어난 구체적인 이야기(초록색)를 집어넣으면 대화가 양념을 친 것처럼 맛깔스러워진다. 비유하면 줄기만이 아니라 잔가지의 얘기도 재미있는 것이다. 질서에 가벼운 혼란을 가미하면 뇌에 자극이 된다.

핵심을 파악하는 능력과 문맥에서 일부러 벗어나는 능력은 모순되는 것이 아니다. 오히려 언제라도 원래의 문맥으로 돌아갈 수 있는 인식력이 있을수록 두려움 없이 이야기를 비약시켜 나갈 수 있다. 두 사람이 이야기를 나눌 때 양쪽 모두 논리적으로 문맥을 파악하는 능력이 없으면 대화가 지리멸렬해진다.

어려운 단어를 사용해보라

독서를 많이 하면 대화가 달라진다. 독서량이 많을수록 한문투의 표현도 매끄럽게 구사할 수 있다. 문어체 표현과 구어체 표현은 하나로 이어져 있는 것이 아니다.

문어체 표현에는 평소 사용하는 말 속에는 등장하지 않는 표현이 많다. 우리가 사용하는 중요한 한문투 표현은 독서를 통해 익힐 수 있다. 예를 들면 "본질적"이라고 하면 추상적이고 일반적인 인상을 주지만 "본질적이면서도 구체적인 것은 존재한다."와 같은 표현은 독서를 하지 않는 사람은 거의 쓰지 못하는 표현이다.

일본어는 기본적으로 고유의 일본어와 한자어가 섞여 있다(우리나라 역시 일본과 상황이 크게 다르지 않다—옮긴이). 고유의 모국어는 말을 하는 가운데 자연스럽게 능숙해진다. 이에 비해 한자어는 딱딱하다는 느낌을 주기 때문에 책에서와는 달리 일상 대화에서는 빈번하게 쓰이지 않는다.

한자어를 잘못 사용하면 '얼핏 대단해 보여도 속은 빈' 문장이 되기 쉽다. 한자어를 자신의 감각과 동떨어지게 사용하는 사람이 많기 때문이다.

자신의 감각과 자신의 말이 일치하는지 그렇지 않은지를 항상 정확하게 감지할 수 있다면 한자어는 자신의 사고를 전달하는 강력한 무기가 된다.

구어체와 문어체를
섞어 써라

평소에 문어체 표현을 열심히 익혀두면 언제든 능수능란하게 사용할 수 있게 된다.

가령 '끝없는 여행길'과 '가없는 방랑길'은 느낌이 다르다. '가없는 방랑길' 쪽이 정서적인 느낌이 강하다. 그런 만큼 '가없는 방랑길'이란 표현을 썼을 때는 그에 걸맞은 내용이 동반되어야 한다. 그렇지 않으면 겉멋만 부린 창피한 글이 되고 만다.

구어체와 문어체 가운데 어느 쪽이 좋은가는 어리석은 질문이다. 그것은 음독과 묵독 중 어느 쪽이 더 낫느냐는 질문과 매한가지로 양쪽 다 능숙하게 사용할 줄 아는 것이 가장 바람직하다. 주의해야 할 것은 구어체는 일상생활에서 자연스럽게 몸에 배지만 문어체는 의식적인 훈련을 통해서만 비로소 제 것이 될 수 있다는 점이다.

양쪽 다 능숙하게 사용하고 싶다면 의식적인 훈련이 필요하다. 특히 문어체를 집중적으로 읽어야 한다. 문어체를 자유자재로 사용할 수 있다는 것은 몹시 기분 좋은 일이다.

■ 글을 잘 쓰는 사람이
■ 말도 잘 할까?

나는 구어체와 문어체의 관계는 '동네 탁구'와 '프로 탁구'의 관계와 비슷하다고 생각한다. 탁구는 남녀노소 할 것 없이 누구나 즐길 수 있는 운동이기 때문이다. 그런데 '프로 탁구'라는 말에서 연상되는 이미지는 다르다. 또옥 따악, 또옥 따악······. 이런 리듬이 아니라 똑 딱 똑 딱······. 이처럼 빠른 템포로 기분 좋게 랠리가 이어지는 이미지가 연상된다.

비유하면 구어체는 동네 탁구에 해당되고 문어체는 프로 탁구에 해당된다. 말로 하는 표현은 그럭저럭 누구나 가능하다. 그러나 문장을 읽거나 쓰는 것은 연습하지 않으면 쉽지가 않다. 동네 탁구는 누구나 어느 정도 가능하지만 프로 탁구는 기본을 착실하게 다졌는지 그렇지 않은지에 따라 크게 차이가 난다. 구어체는 초등학교 고학년이 되면 일정한 수준에 이른다. 그대로 별 다른 변화 없이 고등학생이 되기도 한다. 그런데 독서를 많이 한다는 것은 탁구부에 들어가는 것과 같다. 훈련을 하면 할수록 문어체가 몸에 배는 것이다. 문장을 쓸 때는 물론이고 말할 때도 적절하게 문어체를 활용할 수 있게 된다.

탁구나 테니스에서 어느 정도 경험이 있으면 포핸드는 누구나 구사할 수 있지만 백핸드는 철저하게 배우지 않으면 제대로 구사할 수 없다. 구어체는 포핸드와 같다. 지적 능력에 따라 누구나 그럭저럭 할 수 있다.

그러나 문어체는 백핸드처럼 의식적인 훈련(예를 들면 독서)이 없으면 경기에서 써먹을 수가 없다.

말하는 것은 장애가 없는 한 누구든 자연스럽게 익힌다. 이에 비해 글을 쓰는 것은 기술이다. 그것도 단순한 기술이 아니라 의식을 내적으로 변화시키는 기술이다. 말하는 것이 자연발생적인 행위라면 글을 쓰는 것은 자연성自然性에서 멀어지는 것이다.

독서를 통해 문어체를 익히면 주변 상황에 휘말리지 않는, 냉철하고 강인한 지성을 기를 수 있다. 독서로 수련한 사람에게는 어딘지 냉철한 지성의 향기가 감돈다. 물론 기질에 따라 달라지기는 하지만 독서를 하면 할수록 한결 냉정하게 자신의 주관과는 별도로 사물을 논할 수 있는 객관적인 자세를 몸에 익힐 수 있다.

말하기와 글쓰기를 대립시켜 생각하는 것은 비생산적이다. 원래 글을 잘 쓰는 사람은 말도 어느 정도 조리 있게 한다. 글이 서툰 사람은 말 또한 장황한 경향이 있다. 보통 일대일로 사적인 이야기를 할 때는 별 다른 차이점이 드러나지 않는다. 설령 문

말하기와 글쓰기를 대립시켜 생각하는 것은 비생산적이다. 원래 글을 잘 쓰는 사람이 말도 어느 정도 조리 있게 한다.

어체를 몰라도 막힘없이 대화가 진행될 수 있다.

하지만 공적인 자리에 나설 경우 문어체를 구사하면 한층 더 정확하게 말할 수 있다는 사실을 알 수 있다. 사람들 앞에서 2, 3분 동안 내용을 요약하여 의미를 전달할 수 있는 능력은 고도의 기술이다. 문어체를 수련해두지 않으면 '의미가 함축된' 수준 높은 이야기를 풀어놓는 일은 거의 불가능하다.

앞으로는 프레젠테이션 기술이 더욱 중요해질 것이다. 많은 사람들 앞에서 당당하게 어깨를 펴고 강한 어조로 말하는 연극적인 감성이나 제스처도 중요하지만 그와 동시에 논리가 정연하고 정확한 화술이 요구된다. 이런 기술을 갈고닦을 수 있는 방법이 바로 독서다.

자연스러운 것에서 멀어지는 것, 이것이 바로 문어체 표현이 의식에 미치는 효과라면 독서는 자신을 객관적으로 볼 수 있는 안목을 갖게 해준다.

자신이나 사물을 객관적으로 볼 수 있는 안목은 선천적인 재능이 아니라 훈련을 통해 익히는 기술이다. 커뮤니케이션은 다가서는 것과 멀리 서는 것, 이 두 가지가 가능할 때 원활하게 이루어진다. 거리를 정확하게 유지하려면 멀리 서는 기술도 필요하다. 문어체에 대한 훈련이 되어 있으면 현실에서 뒤로 물러서서 생각할 수 있다.

이 '멀리 서는' 객관적인 자세는 독서를 통해 얻을 수 있는 중요한 효과 중 하나다.

▌ 책을 인용해서
▌ 대화해 보자

현학적이라는 말은 학문이나 교양을 필요 이상으로 과시하는 태도를 이른다. 이는 우리말로 해도 될 것을 굳이 프랑스어로 한다거나 아무도 읽지 않을 듯한 책을 들먹거리는 등 자신의 교양을 뽐내는, 혐오스러운 태도를 비판할 때 쓰는 말이다. 그런데 요즘에는 이 표현 자체가 많이 쓰이지 않게 되었다. 이는 모르는 것을 부끄럽게 생각하는 문화 자체가 없어졌기 때문이다.

모르는 것이 부끄럽지 않은 이상 누가 아무리 교양을 들먹이며 잰체해도 듣는 쪽은 열등감을 느끼지 않는다. 그런 말을 들었다고 해서 공부를 하는 것도 아니다. 교양 있는 모습을 존경하고 책을 읽지 않는 것을 부끄러워하는 문화가 있었기에 의미 없이 지식을 자랑하는 행위도 비판받았던 것이다.

요즘에는 대화할 때 책에 관한 얘기를 별로 하지 않는다. 대학생들에게 물어봐도 친구끼리 진지하게 책에 대해 이야기하는 경우가 예전의 대학생에 비해 현저히 줄어들었다.

책에 관해 친구와 두런두런 얘기를 나누는, 당연한 모습이 젊은이들 사이에서 보기 힘들어졌다는 사실은 위기감을 일으킨다. 나는 사람들에게 "친구끼리 만나면 요즘 읽은 책이나 현재 읽는 책에 대해 대화하라."고 당부한다. 서로가 서로를 자극하게 되면 독서욕이 높아진다. 내가 대학에 다닐 때는 "요즘 무슨 책 읽었어?"라며 마치 날씨 얘기를 하듯 넌지시 묻곤 했다.

이렇게 책에 대해 이야기하는 즐거움을 학생들에게 알려주기 위해 나는 수업 시간에 '북 리스트'를 교환하게 한다. 자신이 재미있게 읽은 책과 몇 마디의 설명을 적어 목록을 만든 다음 그것을 친구들에게 보여주고 얘기를 나누는 것이다. 그 책은 되도록 정신적인 긴장을 동반하는 것이면 좋다.

300명가량 되는 학생들이 자리에서 일어나 차례차례 상대를 바꾸어가며 책에 관해 대화를 나누는 모습은 장관이다. 직접 아는 사람이 아니어도 또래의 친구들이 읽은 책이라는 사실만으로도 쉽게 자극을 받는다.

책에 관한 얘기는 그저 상대의 일상생활이나 취미에 관한 얘기를 듣는 것보다 정보의 내용이 폭넓고 알차다. 게다가 읽고 싶은 마음만 생기면 그 책을 얼마든지 읽을 수 있기 때문에 그 효과는 그 자리에서 끝나지 않는다. 밖으로 확대되는 것이다.

책이나 강연회 중에는 그 자체는 재미있지만 그 자리에서 끝나고 마는 것이 있다. 아무 자극도 주지 못하고 행동을 촉발시키지 못하는 것은 아무리 내용이 좋아도 '영향력'이란 면에서는 부족하다. 읽으면 읽을수록, 들으면 들을수록 혼자가 되었을 때 책이 읽고 싶어져야 한다. 그렇게 독서욕을 불러일으키는 책이나 강연회는 자신을 폭넓게 만들어준다.

■ 공통된 독서의 경험을 나누자

같은 책을 읽은 사람끼리 만나면 대화 중간중간에 책 구절이 인용되면서 얘기가 원활하게 진행된다. 공통된 독서 경험이 있으면 다양하게 얘기를 나눌 수 있다. 이를 의식적으로 실행하는 것이 독서토론회다.

예전에는 독서토론회가 하나의 문화였다. 대학생이 되면 책을 읽고 모여서 대화를 나누었다. 이는 누구의 강요 없이도 꾸준히 지속된 문화였다. 시대에 따라서는 마르크스주의의 도서를 읽는 모임처럼 사상적인 색채가 농후한 독서토론회도 있었다. 그 정도로 본격적인 토론회는 아니어도 나는 다른 친구와 둘이 모여 각각 책을 정해 읽고 나서 얘기를 나누곤 했다.

나도 대학시절에 책 한 권을 두고 진지하게 토론을 마친 후 술을 마시러 갔던 기억이 즐겁게 남아 있다.

요즘 대학생들 사이에는 독서토론회라는 말이 거의 사라져가고 있다. 똑같은 책을 읽은 후 모여서 얘기를 나눠본 적이 없다는 학생들이 대부분이다.

세미나 형태의 수업을 통해 시도해보기는 하지만 학생들끼리 자발적으로 즐겁게 책에 대해 대화를 나누는 문화적 토양은 바짝 말라버렸다.

나는 지금까지 수십 번의 독서토론회를 주관했는데 제대로만 진행되면 분위기가 한껏 고조되면서 즐겁기 그지없다. 독서토론회를 능숙하게 이끌어가려면 몇 가지 요령이 필요하다.

첫째 전원이 끝까지 책을 읽어야 한다는 점을 전제로 하지 않아야 한다. 독서토론회가 삐걱거리는 최대의 원인은 독서토론회 당일까지 책을 완독하지 못하는 사람이 꽤 있기 때문이다. 그래서 참석하지 않거나 참석해도 대화에 참여하지 못해 소외감을 느끼는 경우가 생긴다. 그렇게 흐지부지되어버리는 독서토론회가 많다. 내가 주관한 독서토론회도 책을 다 읽지 못해 빠지는 사람이 많았다. 그래서 미처 책을 다 읽지 못한 사람도 즐겁게 시간을 보낼 수 있도록 토론회를 운영했다.

먼저 삼색 볼펜으로 표시해가며 읽어 오게 했다. 그리고 읽은 부분까지라도 좋으니 각자 재미있다고 생각하는 부분(초록색)을 다른 학생들에게 알려주고 밑줄을 그은 이유를 말하게 했다. 그 얘기를 듣는 사람들은 자신의 책에서 그 부분을 찾아 발언자의 이름과 함께 표시를 한다. 이렇게 하면 자신이 미처 읽지 못한 부분에도 밑줄이 그어지게 된다. 각자 간단하게 하나씩 발표한다. 이런 식으로 몇 바퀴 돈다. 반드시 순서대로 하지 않아도 좋다. 누군가가 말한 초록색 부분과 연관 있는 내용이 있으면 그와 관련해서 누구든 발언해도 좋다.

구체적인 부분을 꼭 집어서 표시하는 것이 포인트다. 추상적이고 일반적인 감상만 주고받으면 읽지 않은 사람은 참여하기 어렵다. 책의 뒷부분까지 고루 표시하면 실제로는 읽지 않았는데도 마치 읽은 듯이 내용이 친숙해진다. 30페이지밖에 읽지 못했다면 그 범위 안에서 자신이 흥미롭게 생각한 부분을 얘기하면 된다. 끝까지 읽은 사람은 가급적 뒷부분을 주로 언급하게 한다.

독서토론회에서는 이야기가 주제에서 벗어나는 것도 재미있다. 그러나 여러 사람이 갑론을박하게 되면 말주변이 뛰어난 사람이 대부분의 시간을 사용하게 된다. 그보다는 모두가 골고루 발언하는 형식을 취하는 것이 훨씬 재미있다. 물론 내용을 깊게 파악할 수 있는, 독서력 있는 사람이 토론에서 중요한 역할을 맡는 것은 당연하다. 하지만 그런 사람의 이야기를 듣는 것뿐만 아니라 다양한 사람이 저마다 재미있다고 생각하는 부분을 털어놓으면 참석자 모두의 시야가 넓어진다.

이렇게 독서토론회를 하면서 알게 되는 사실은 읽긴 읽었는데 의외로 대충 읽은 부분이 많다는 점이다. 나는 그다지 마음에 두지 않았던 부분을 다른 사람이 지적하면서 새삼 재미있다고 느낀 적도 많았다.

그저 아무 생각 없이 토론하는 것이 아니라 항상 "몇 페이지 어디"라고 구체적으로 지적하는 편이 모두에게 생산적이다. 선택한 책의 내용이 알차다면 설령 독서 경험이 빈약한 사람이 지적한 부분일지라도 그 문장에 의식을 집중하는 행위가 결코 헛되지는 않다.

중요한 점은 재미있다고 느낀 문장을 제각기 지적함으로써 각자가 책과 점점 친숙해진다는 사실이다. 독서토론회 중에 몇

독서토론회 중에 몇 번이고 책장을 넘기면서 밑줄을 그
어나가면 차츰 익숙해지는 사전처럼 그 책이 자기 것이
되어간다. 토론회를 마칠 때쯤이면 책 속의 세계와 친밀
해져 있는 자신을 발견하게 된다.

번이고 책장을 넘기면서 밑줄을 그어나가면 차츰 익숙해지는 사전처럼 그 책이 자기 것이 되어간다. 독서토론회를 마칠 때쯤 이면 책 속의 세계와 친밀해져 있는 경우가 많다. 그렇게 되면 독서토론회를 마친 다음 새로운 마음으로 책을 다시 읽어보기 도 쉬워진다.

매핑 커뮤니케이션 해보기

내가 독서토론회를 주관할 때 도입한 방식이 '매핑 커뮤니케이션' 이다. 일반적으로 널리 알려져 있지 않지만 직접 해보면 상당히 효과가 있다. 개인적으로 친구와 둘이서 얘기할 때 자연스럽게 썼 던 방법이다.

두 사람 사이에 B4 크기의 흰 종이를 놓는다. 그 종이에 키워 드를 써가면서 대화를 이어간다. 독서토론회라면 굳이 두 사람 이 아니라도 상관없다. 네다섯 사람이 한 조가 되어 전원이 종 이에 키워드를 써넣으며 대화를 이어간다. 독서토론회 멤버는 같은 책을 읽었기에 키워드를 쉽게 적어 넣을 수 있다. 다른 사 람이 말한 내용을 메모하는 것도 좋고 자신이 발언하면서 쓰는 것도 괜찮다.

익숙해지기 전에는 등장인물의 이름을 써넣고 인물들 간의 관계를 화살표 등으로 연결하여 작품 세계를 한눈에 알 수 있게 한다. 러시아 소설 같은 경우는 이름이 긴 인물이 많이 등장하기 때문에 매핑 커뮤니케이션을 하면서 모두 함께 정리해나간다. 예를 들어 한 여자를 두 남자가 사랑하는 삼각관계라고 하자. 그 관계를 삼각형으로 표현한다. 그들을 중심으로 여러 인물이 얽히고설키게 되면 그 인물들의 이름을 주인공들 주위에 배치해나간다. 소설의 경우 등장인물의 관계를 도식화하는 것만으로도 이해하기가 한층 수월해진다.

특히 세계문학이라 불리는 작품 중에는 수없이 많은 인물이 등장하는 경우가 있다. 마르케스의 《백년의 고독》에는 복잡한 집안관계가 묘사되어 있다. 이 책으로 독서토론을 할 때는 등장인물들이 어떤 혈연관계에 있는가를 확인하는 작업이 필요하다. 이때도 매핑 커뮤니케이션이나 칠판을 이용하여 효과적으로 인식을 공유할 수 있다.

발자크는 수많은 소설을 남겼는데 각각의 작품이 완전히 독립되어 있지 않고 한 인물이 여러 작품에 등장한다. 어떤 작품에서는 조연이었던 인물이 다른 작품에서는 주인공으로 얼굴을 내미는 식이다. 이런 양식을 '인간 희극'이라고 한다. 장대한 인간관계의 세계가 수많은 작품을 통해 펼쳐지면서 하나의 완전한 세계를 형성한다.

파리에 있는 발자크의 생가를 방문한 적이 있다. 발자크가 집필에 사용했던 책상과 의자가 놓인 방도 남아 있었다. 경제적으로 어려웠던 탓인지 그다지 값나가는 유품은 없었다. 그러나 그 가운데 눈길을 끈 것은 벽 전체에 펼쳐져 있는, 발자크의 《인간 희극》에 등장하는 인물들의 상관도였다. 그것은 발자크 자신이 만든 것이 아니라 후세에 발자크 연구자가 작성한 것 같은데 입이 쩍 벌어질 만큼 많은 사람의 이름이 선으로 연결된 채 벽을 가득 채우고 있는 광경은 압권이었다. 한 사람이 이토록 많은 캐릭터를 창조하고 제각기 상관관계를 만들어 하나의 세계를 구성했다는 사실을 한눈에 볼 수 있어 감격스러웠다.

이와 같은 효과가 매핑 커뮤니케이션에도 있다. 사람들이 책 읽기를 싫어하는 이유 중 하나는 책이 문장만으로 구성되어 있어 시각적인 요소가 부족하다는 점이다. 글로만 이루어진 책은 상상력을 훈련시킨다. 하지만 그것만으로는 선뜻 이해하지 못하는 사람도 있다. 그럴 때 몇 사람이 모여 인물의 상관도를 그리는 것은 재미있는 작업이다. 인물의 이름뿐만 아니라 성격이나 특징도 적어 넣는다. 가능하면 거기에 구체적으로 몇 페이지인지 써넣은 다음 문장 속에서 그 인물을 나타내는 키워드를 골라 이름과 함께 써넣으면 이해가 훨씬 쉬워진다.

매핑 커뮤니케이션은 여러 사람이 함께 하는 작업이기 때문에 한결 힘이 적게 든다. 일반적으로 사람들은 저마다 독특한 시각을 갖고 책을 읽는 경향이 있다. 그것이 반드시 나쁘다고는 할 수 없지만 여러 사람이 모여 각자 치우친 부분을 대조해봄으로써 심도 있게 책을 읽을 수 있게 된다.

매핑을 할 때는 인물을 중심으로 그려나가는 경우도 있지만 열쇠가 되는 개념(키 콘셉트)을 이용하여 저자의 사상 세계를 그려가는 것도 효과적이다.

예를 들어 헤세의 《데미안》이라면 키 콘셉트로 매핑을 해나가는 편이 수월하다. 이 소설은 주인공 싱클레어가 빛과 어둠의 세계에서 방황하며 자아를 찾아가는 이야기이기 때문이다. 이를테면 흰 종이의 빛과 어둠이라는 글자를 쓰고 동그라미를 친다. 그다음 빛 쪽에 빛의 세계에 속하는 인물이나 사건을 써넣고, 어둠 쪽에도 해당되는 것들을 써넣는다. 밝고 올바른 부모의 세계와는 다른 세계에 사는 데미안이란 존재가 싱클레어를 빛과 어둠 사이에서 방황하게 하는 모습을 그림으로 나타낸다. 기독교의 신이 아닌 이교도의 신 아브락사스도 이 그림에서는 어둠 쪽에 들어갈 것이다. 하지만《데미안》의 도식화는 결코 단순하지가 않다. 선과 악, 어느 쪽에도 속하지 않고 선과 악 양면을 지니고 있는 아브락사스. 싱클레어는 그런 아브락사스의 성격에 이끌린다. 그것 또한 도식화해야 한다. 싱클레어는 자아를 추구하는 과정에서 여러 종류의 사람과 만난다. 그 성장의 단계를 그 한 장의 종이에 계속 덧붙여나간다. 이 작업은 실제로는 그렇게 힘들지 않다. 어느 정도 책을 읽어 온 사람이 몇 명 모이면《데미안》의 세계는 그럭저럭 매핑을 할 수 있다.

중요한 점은 매핑 작업을 통해 대화를 심도 있게 나누는 일이다. 한 사람이 아무 대화 없이 혼자 완성시킨 그림은 별로 의미가 없다. 참가자 모두 함께 매핑을 해나가는 시간 자체가 창조적인 것이다. 수준이 높지 않더라도 매핑을 하면서 대화를 하는 과정이 중요하다. 이 작업에 익숙해지기 전에는 글자를 써넣어가며 대화를 하는 것이 쉽지 않을지도 모른다. 하지만 몇 번 하다 보면 익숙해진다. 이 때 전원이 똑같이 매핑 기술을 가진 것이 아니기 때문에 처음에는 다른 사람의 이야기를 듣고 키워드를 적어내는 능력이 뛰어난 사람이 중심이 되어 매핑을 해나가야 한다.

매핑 커뮤니케이션의 장점은 대화가 허공에 떠돌지 않고 하나의 종이를 바탕으로 이루어진다는 것이다. 이 이야기 저 이야기 난무하다 보면 나중에는 도대체 무슨 얘기를 나누었는지 잘 모르게 된다. 하지만 매핑을 해나가면 얘기가 차곡차곡 쌓여가듯 진행된다. 쓸데없이 반복되는 일이 적어지고 전체 이야기의 흐름이 일목요연해진다. 머릿속에 각자가 말한 내용을 기억해두고 그것을 다시 끄집어내 얘기하는 것은 고도의 기술이다. 매핑을 하면 키워드가 문자로 남게 된다. 그것을 화살표로 잇거나 몇 개의 단어를 크게 동그라미로 묶어놓으면 더욱 머리에 잘 들어온다.

매핑을 할 때도 빨간색, 초록색, 파란색의 삼색으로 표시하는 것이 훨씬 효과적이다. 빨간색은 가장 중요한 것, 초록색은 본줄기에서는 벗어났어도 재미있는 것. 이런 식으로 대략적으로 정해두고 나머지는 자유롭게 해도 무방하다. 엄밀하게 분석하는 것보다는 큰 구조를 정확하게 파악하고 세부 사항은 대화로 메워간다. 매핑은 깔끔하게 정리하겠다는 생각을 버리고 대담하고 활기차게 쓱쓱 써가는 것이 요령이다.

하나의 완성된 문장으로 적으면 생동감이 없기 때문에 좋지 않다. 또한 조항별로 정리하는 것도 지나치게 학습적이어서 분위기를 냉각시킨다. 여기저기 섬을 그리듯이 좀 더 대범하게 단어를 써넣는 것이 좋다. 마지막에는 이곳저곳에 흩어져 있는 내용을 화살표로 연결하여 다른 사람이 보면 무슨 그림인지 잘 알수 없을 정도로 그려내는 것이 좋다. 이 매핑 커뮤니케이션이 원활하게 진행되면 농구 같은 팀 스포츠에서 각 선수가 최선을 다해 뛰었을 때처럼 상쾌한 기분을 맛볼 수 있다.

각 조로 나누어 매핑 커뮤니케이션을 마친 다음 그 성과를 다른 조를 상대로 발표한다. 그럴 때 사람들이 볼 수 있게 매핑 용지를 책상 위에 올려놓는다. 그리고 해당 조의 멤버들이 둘씩 짝을 이루어 릴레이식으로 발표한다. 듣는 사람은 매핑 용지를 보면서 발표를 듣는다.

토론 과정을 간단하게 소개하면서 대화를 통해 명확해진 포인트나 구조를 중심으로 발표한다. 각 조마다 약 3분씩 발표한다. 이렇게 발표 시간을 짧게 갖는 것이 요령이다. 이 작업에는 그다지 시간이 걸리지는 않지만 대부분의 참가자가 그 작품을 읽고 느낀 점을 발표하게 된다.

시간이 부족해서 자신이 말하고 싶은 내용을 발표하지 못했을 경우 독서토론회에 불만이 생긴다. 다른 사람의 얘기를 들으면서 만족을 느끼는 경우도 있지만 역시 서로 대화를 나누면서 이해도를 높이는 것이 바람직하다. 하지만 전원이 각자의 얘기를 하게 되면 한 사람에게 할애된 시간이 아무래도 적어질 수밖에 없다. 매핑 커뮤니케이션으로 2~5명씩 한 조가 되어 대화를 나누면 각자 하고 싶은 말을 대부분 할 수 있다. 매핑 커뮤니케이션에 걸리는 시간은 20분 정도가 적당하다.

■ 다 함께 즐기는 독서 퀴즈

독서토론회는 모두 모여 뭔가 새로운 것을 시도하면 분위기가 고조된다. 여기서 말하는 독서토론회란 두 사람이라도 상관없다. 내가 가장 많이 경험한 것은 둘만의 독서토론회다. 중학교 시절의 친구와 30대에 이를 때까지 단 둘이서 독서토론회를 계속했다. 매핑 커뮤니케이션도 이 오랜 경험에서 자연스럽게 만들어진 것이다. 단순히 책 내용만을 이해하는 것도 나쁘지 않지만 뭔가 새로운 것을 추구하면 긴장감이 돌고 생기가 느껴진다.

독서토론회 참가자가 함께 만드는 게임으로서 내가 제안하고 싶은 것이 바로 독서 퀴즈다. 독서 퀴즈란 책에 나오는 구체적인 어휘가 답이 되게 하는 퀴즈다. 예를 들어 "주인공이 가장 좋

아한 노래는 무엇이었을까?" 하는 식으로 문제를 만든다. "주인
공은 어떤 마음으로 고향을 떠나게 되었을까?"라는 식으로 답
이 추상적인 문제는 피하는 것이 좋다.

단순한 정보를 묻는 퀴즈로 끝나는 경우도 있다. 그러나 머리
를 짜내면 작품의 본질에 눈을 돌릴 수 있는 퀴즈를 만들 수 있
다. 그런 퀴즈를 체험하면 비로소 그 관점에서 책을 다시 읽어
보게 된다. 가능하면 이런 퀴즈를 만들 수 있도록 다 함께 머리
를 맞대고 궁리한다.

모두 함께 퀴즈를 생각해내는 것은 즐거운 일이다. 만약 그런
퀴즈가 권말에 붙어 있다면 작품을 주의 깊게 다시 읽지 않을
까? 퀴즈를 만들면 단순히 작품을 이해하려고만 할 때는 볼 수
없었던 활기가 넘쳐나게 된다. 놀이의 요소가 가미되기 때문이
다. 하지만 퀴즈라고 다 좋은 것은 아니다. 지나치게 단순하거나
신통치 못한 퀴즈는 좋은 평가를 받을 수 없다. 작품의 본질을
벗어나지 않으면서도 구체적인 퀴즈가 바람직하다.

모두가 머리를 굴려 만든 퀴즈를 종이에 정리하여 복사한 다
음 독서토론회가 끝나면 각자 가지고 간다. 그러면 뭔가 해냈다
는 만족감을 느낄 수 있다. 누군가 그 작품을 읽은 사람에게 그
퀴즈 용지를 건네면 그 사람도 즐거움을 공유할 수 있다. 재치

있는 퀴즈를 만들려다 보면 작품의 이해도가 깊어지기에 일거양득이다. 내가 학생들과 함께 마르케스의 《백년의 고독》으로 독서토론회를 할 때 아래와 같은 독서 퀴즈를 만들었다.

1. 다음 인물들을 혈연관계인 사람과 혈연관계가 아닌 사람으로 나누어라.
2. 다람쥐 쳇바퀴 돌듯 진전이 없는 것을 세 가지 들어라.
3. 대령의 고독을 나타내는 기하학적 그림은 무엇인가?
4. 다음의 인물들을 장수한 사람과 요절한 사람으로 나누어라.
5. 마을에서 유행한 병은 무엇인가?

■ 읽은 내용을 반드시 ■ 다른 누군가에게 전하라

책을 읽긴 읽었는데 무슨 내용이었는지 생각이 안 난다. 이런 경험은 누구나 있지 않을까? 시험공부도 여러 번 반복하지 않으면 좀처럼 자기 것이 되지 않는다. 하물며 한 번 읽은 책을 구석구석까지 외우기란 애초부터 턱도 없는 일이다. 전부는 아니라도 자신이 중요하다고 생각한 부분이나 재미있었던 부분이라도 기억해두었다가 여차할 때 유용하게 쓸 수만 있어도 감사한 일이다.

그럴 때 효과적인 방법은 책을 읽은 즉시 다른 사람에게 그 내용을 얘기하는 것이다. 읽은 직후이거나 읽는 도중이라면 그런 대로 책의 내용을 기억하게 마련이다. 지식이 아직 머릿속에 있을 때 다른 사람에게 이야기해주는 것이다. 시간이 지나면 지날수록 기억은 희미해진다. 읽은 후 즉시 다른 사람에게 이야기해주면 머릿속에 각인된다. 될 수 있으면 서넛 이상의 사람들에게 똑같은 얘기를 한다. 그러면 시간이 흐른 뒤에도 활용할 수 있는 형태로 기억된다. 그 이유는 자신의 입으로 되풀이해서 말한 내용은 좀처럼 잊기 힘든 법이기 때문이다.

상대가 반드시 그 책을 읽지 않았어도 상관이 없다. 책의 내용에 관심을 가지고 있을 필요도 없다. 자신이 책의 요점과 매력을 구체적으로 얘기할 수 있으면 된다. 책의 줄거리를 얘기하는 것도 중요하지만 그보다 더 중요한 사실은 짧더라도 구체적인 문장을 인용하면서 얘기하는 것이다. 짧은 한마디라도 저자의 언어를 써가며 얘기하는 것만으로도 대화는 훨씬 무게가 더해지고 활기를 띠게 된다.

단 한 문장이라도 상관없다. 마음에 강한 인상을 남긴 문장을 외워두었다가 이 사람 저 사람 만날 때마다 이야기한다. 처음에는 책을 보면서 이야기해도 괜찮다. 되풀이해서 말하는 동안 기억하게 될 것이다. 이 방법을 쓰려면 다짜고짜 일방적으로 책 이야기를 해도 군소리 없이 받아줄 친구들이 필요하다. 서로 자연스럽게 읽은 책에 대해 얘기를 주고받을 수 있어 그 내용이 머릿속에 깊이 박히도록 도움을 주는 사람은 친구라고 부르기에 손색이 없다.

■ 좋아하는 문장을 인용하면 글쓰기가 된다

가까이에 친구가 없는 경우 쓰면서 외운다. 마음에 드는 문장을 노트에 베껴 쓰는 것도 좋은 방법이다. 나는 감동적인 문장을 끼워 넣는 형태로 글을 쓰는 경우가 많다. 이는 작문의 요령이기도 하다. 전혀 아무것도 없는 상태에서 내면의 힘만으로 말을 엮어내는 일은 의외로 어렵다. 현실에서 일어난 일을 언어로 표현하는 것도 여간 어려운 일이 아니다. 하지만 다른 사람의 문장을 소개하면서 글을 쓰는 일은 그렇게 어렵지 않다. 베껴 쓰고 싶을 정도로 좋았던 문장이라면 왜 거기에 감동을 받았는지 이유를 쉽게 쓸 수 있다.

글로만 이루어진 책은 상상력을 훈련시키지만 때로는 그것만으로 이해하지 못하는 경우가 있다. 그럴 때 몇 사람이 모여 인물의 상관도를 그려보자. 거기에 구체적인 페이지와 인물을 나타내는 키워드를 골라 함께 써넣으면 이해가 훨씬 쉬워진다.

전문 작가들이 쓴 책을 읽어보면 알 수 있듯이 다른 책의 내용이 자주 인용된다. 글을 쓸 때 독자가 경험하지 않은 사건을 묘사하면서 자신의 생각을 서술하는 것이 가장 어렵다. 독자가 공유할 수 있는 형태로 이미 책에 적혀 있는 문장을 인용하고 거기에 자신의 생각을 써넣는 방법이 문장에 안정감을 주고 쓰기에도 쉽다. 실제 일어난 일을 직접 기술하는 것이 창조성이 높지만 최근에는 창조성 높은 작업만 요구하는 경향이 있다. 그러나 다른 사람의 글을 인용하고 거기에 자신의 설명을 덧붙여가는 형식으로 문장 연습을 좀 더 하는 것도 큰 도움이 된다.

　재치 있는 설명을 덧붙일 수 있다면 바랄 나위가 없지만 그저 그런 설명이라도 상관없다. 적어도 자신이 좋다고 생각한 문장을 베껴 쓰는 것만으로도 의미가 있다. 베껴 쓰는 과정을 통해 그 문장이 쉽게 자신의 머릿속에 심어지기 때문이다. 평소에 잘 쓰지 않는 한자나 표현을 자신의 손으로 연습하는 효과도 얻을 수 있다.

독서 코치를 찾아보자

스포츠 코치가 있듯이 독서 코치가 있어도 이상한 일은 아니다. 독서가 좋은지 싫은지를 떠나서 어떤 책을 읽어야 할지도 모르겠다는 사람이 많다. 그들에게 관심 분야와 능력에 맞는 책을 골라준다면 그때부터 독서는 즐거운 일이라는 인식이 생길 가능성이 높다. 물론 초보일 때는 일반적으로 이러이러한 책이 재미있다고 조언해주면 된다. 하지만 운동선수를 가르칠 때 일반적인 지도도 물론 필요하지만 그 선수의 특성을 파악하여 조언해주면 더 큰 효과를 볼 수 있다.

독서의 경우에도 그 사람의 연령이나 관심 분야, 독서력에 따라 추천하는 책이 달라져야 한다. 상대의 상황을 파악한 후 가장 알맞은 책을 골라주는 일, 바로 이것이 독서 트레이너가 할 일이다. 독서 트레이너는 내가 만든 말이지만 실제로 이런 직업이 있어도 괜찮지 않을까 하는 생각이 든다. 독서 트레이너가 하는 일은 대개 이런 것이다.

책을 추천받고 싶은 사람은 지금까지 읽은 책을 정리하여 간단하게 독서 트레이너에게 이야기한다. 자신의 책장을 사진으로 찍어 일목요연하게 보여주는 방법도 바람직하다. 책장을 보면 독서 트레이너는 다음에 어떤 책을 읽을지 추천하기가 쉬워진다. 독서 트레이너에게는 그 정도로 폭넓은 독서량이 필요하다. 그러나 애초부터 책장이 없는 사람도 있다. 그런 경우에는 일단 짧고 쉽고 재미있는 책부터 시작하는 방법도 있고 상대의 의욕 여하에 따라 오히려 본격적인 책부터 시작하여 독서에 대한 강한 욕구를 솟구치게 하는 방법도 있다.

나도 독서 트레이너와 같은 일을 한다. 물론 학생에게 기본적인 도서를 추천하기도 하지만 한 사람 한 사람과 개인적으로 대화를 나눈 다음 그에게 맞는 책을 소개해주는 경우도 많다. 내 경험 가운데 가장 재미있었던 기억은 전혀 독서를 하지 않는 20대 젊은이에게 두 눈 딱 감고 미학책을 추천해서 성공한 일이다.《해리 포터》시리즈나《엘저넌에게 꽃을》같은 쉽고 재미있는 책부터 시작하는 것도 방법 중 하나다. 하지만 나는 그 사람의 지력을 기본적으로 고려한 뒤 되도록 '무게'가 있는 작품부터 시작하라고 권한다. 책이란 것은 정말 굉장하구나 하는 인상을 처음부터 갖게 하고 싶어서다.

일반적으로 어려운 책부터 권하면 부담이 될 것이다. 상대가 어떤 사람인지 파악한 후 일대일로 책을 추천하는 상황이 되어야만 다소 어려운 책도 선정해줄 수 있다.

도서관의 사서도 좋고 교사들도 그런 역할을 해주었으면 하는 것이 나의 바람이다.

　나는 교사를 양성하는 일을 하고 있다. 학생들에게 나중에 교사가 되면 수업에 들어가 처음 3분 정도는 반드시 자신이 읽은 책에 관해 얘기하라고 가르치고 있다. 늘 현재진행형으로 읽고 있는 책을 소개하는 것이다. 이는 교사 자신은 물론 학생들에게도 자극이 된다.

　무엇보다 중요한 것은 교사가 늘 책을 읽고 있다는 사실이 현실감 있게 전해진다는 점이다. 내 중학교 때 선생님은 수업 전에 반드시 책을 소개해주었다. 다양한 책을 수업 시간마다 소개해주었는데 그 모습이 지금도 눈에 선하다. 당장은 아니어도 몇 년 후에 읽은 책도 있다. 자신에게 그런 역할을 해주는 이를 찾아보면 큰 도움이 된다.

　전국적으로 보면 독서가들이 수두룩하다. 폭넓게 독서를 한 사람이라면 나와 이야기를 나누면서 나에게 어울릴 만한 책을 골라줄 수 있을 것이다.

책을 선물해보자

책을 선물하고 받는 것도 독서 트레이너의 역할과 통하는 면이 있다. 자기가 좋아하는 책을 보내주는 일은 예전에는 흔히 볼 수 있었다. 자신의 마음이나 사고, 가치관, 취미 등을 직접 말로 표현하는 것보다는 자기 손으로 골라준 책을 통해 더 잘 이해시킬 수 있을 것이라는 생각이 들 때가 있다. 즉 책을 선물해서 서로를 더 깊이 알아가는 것이다. 연애 초기에는 그런 수법이 곧잘 효과를 거두기도 한다. 사랑하는 여자에게 시집을 선물해서 좋은 결과를 얻었다는 얘기도 있다.

나는 고등학교 때 약간 다른 방식의 책 선물을 받았다. 국어 선생님이 학기가 끝나갈 무렵 문고본을 한 아름 안고 교실로 들어와서 교탁 위에 펼쳐놓았다. 그러더니 "마음에 드는 것을 가져가라!"고 했다. 모두 우르르 교탁으로 몰려 나가 책을 골랐다.

책 선물은 받은 책이 마음에 들지 않으면 그다지 효과를 보지 못한다. 그런데 선생님은 마음에 드는 책을 한 권씩 골라 가라고 함으로써 선물받는 사람의 의사까지도 선물에 반영했다. 그 책들은 선별된 문고본이었기 때문에 한결같이 수준이 높았다. 고등학생이라면 평소에 거들떠보지 않을 것 같은 책도 많았다.

그때 내가 고른 책은 세계적인 수학자 오카 기요시의 《춘소십화》였다. 오카 기요시는 함수론에서 세계적인 업적을 남긴 수학자로 문학과 철학에도 상당히 조예가 깊었다. 그는 천재적인 직감력을 살린 예리한 비평으로 유명하다. 그런 기회가 아니라면 만날 수 없는 책이었다. 지금도 내 책장에는 그 책들이 꽂혀 있다. 그 책들을 볼 때마다 책 선물을 받은 날의 광경이 떠오른다. 그 일도 나의 독서욕에 불을 붙여준 하나의 중요한 계기였다.

그때 선생님에게서 받은 책에 큰 은혜를 입었기에 나 또한 대학 시절에 가르쳤던 스무 명쯤 되는 아이들에게 책을 선물해주었다. 가방에 내가 읽은 문고본을 잔뜩 넣어가서 내가 책을 선물받았을 때와 마찬가지로 교탁 위에 쭉 늘어놓았다. 그리고 모두 나와서 좋아하는 책을 가져가게 했다. 나는 헌책방에 책을 팔지 못한다. 내가 읽은 책은 사랑스럽기 때문이다. 나는 방이 좁아져서 곤란하더라도 여간해서는 책을 떠나보내지 못하는 성격이다. 그래도 그때는 단 한 권이지만 선생님에게서 책을 받음으로써 어린 학생들의 독서욕을 높일 수 있지 않을까 하는 생각을 했다.

선생님이 읽은 책인 데다 자신이 직접 고른 책이라면 서점에 놓여 있는 책과는 사뭇 의미가 다르다. 책장에 꽂혀 있는 그 책을 볼 때마다 독서의 중요성을 새로 깨우치기 때문이다. 한 권의 책으로 그 사람의 독서욕을 지속적으로 불러일으킬 수 있다면 효과적인 선물이라고 할 수 있다.

책은 단순한 소비재가 아니다. '자신의 손으로 고를 수 있는 책'을 선물하는 것은 양쪽의 마음이 통할 수 있는 훌륭한 독서 지도법이다.

책을 반드시 끝까지 읽어야 하는 것은 아니다. 단 한 줄이 평생의 보물이 되기도 한다. 완독에 대한 부담감 때문에 선뜻 책에 손이 가지 않는 것이다. 인상에 남을 한 줄의 문장을 찾고자 하는 마음으로 책을 읽는 것도 독서의 요령이다.

책을 선물할 때도 상대가 그 책을 끝까지 읽기를 바라는 것은 욕심이다. 오히려 마음에 드는 문장에 밑줄을 긋고 그곳에 쪽지 등을 붙여 선물한다. 그 한마디를 읽어주기를 바라며 책을 간직하고 있기만 하면 충분하다는 마음으로 선물하는 편이 상대에게도 부담이 되지 않는다.

아주 유별난 책이거나 선물한 사람을 싫어한다면 몰라도 한 줄의 문장과 그 앞뒤 문장을 읽어보는 일은 그리 어렵지 않다. 그 한 부분을 읽은 것만으로도 그 책은 가치가 있다. 책을 앞장부터 뒷장까지 샅샅이 읽어보지 않으면 이해가 안 된다는 생각을 버려야 비로소 책과의 거리가 가까워진다.

책을 펼친 다음 자신이 중요하다고 생각하는 부분에 밑줄을 그어 누군가에게 선물한다. 이는 상당 수준 높은 교류다. 선물의 질적인 수준을 생각하면 책의 가격은 결코 비싸지 않다.

책을 통한 커뮤니케이션의 확장.

책을 읽어 대화의 질을 높이는 것뿐만 아니라 구체적으로 책에 대해 대화를 나누는 경험을 해보라. '독서력'이라는 힘이 자신에게 생기면 기쁘기 그지없을 것이다.

독서력

초판 1쇄 발행 2009년 8월 24일
초판 8쇄 발행 2014년 11월 6일
개정판 1쇄 발행 2015년 3월 31일
개정판 11쇄 발행 2023년 12월 4일

지은이 사이토 다카시 **옮긴이** 황선종

발행인 이재진 **단행본사업본부장** 신동해
편집장 김경림 **디자인** 이석운 김미연 **교정** 윤정숙
마케팅 최혜진 이은미 **홍보** 반여진 허지호 정지연 송임선
국제업무 김은정 **제작** 정석훈

브랜드 웅진지식하우스
주소 경기도 파주시 회동길 20
문의전화 031-956-7350(편집) 02-3670-1123(마케팅)
홈페이지 www.wjbooks.co.kr
인스타그램 www.instagram.com/woongjin_readers
페이스북 www.facebook.com/woongjinreaders
블로그 blog.naver.com/wj_booking

발행처 ㈜웅진씽크빅
출판신고 1980년 3월 29일 제406-2007-000046호

한국어판 출판권 ⓒ 웅진씽크빅, 2015
ISBN 978-89-01-18153-0 03020